教えて！100切り先生

木村和久
絵＝かざま鋭二

集英社インターナショナル

◆◆ はじめのごあいさつ ◆◆

さらばアイアン、ウエルカム ユーティリティー！

いつまでも切れると思うな、包丁と100

読者の皆さま、お久しぶりです。私、木村和久が2年ぶりにパーゴルフ（2017年連載開始）に帰ってきました。『風の大地』で有名なゴルフ漫画界の巨匠、かざま鋭二さんとタッグを組み、画期的な企画が実現しました。

タイトルはズバリ「教えて！ 100切り先生」です。便宜上、私が先生、出来のいい生徒役が、かざまさんになります。

こんなことを書くと「何を今さら、100なんか切れて当たり前だろ」と、憤る方もおられるでしょう。でも冷静に考えてください。

左は巨匠、かざま鋭二さん。右は私、100切り先生こと木村和久です。

「常時80台のゴルフを心がけていても、ちょっとさぼって後ろを振り向くや、100叩《たた》きが迫っている」

こういうこと、ありませんか。今年ハーフ39を出して好調ですが、危うく100を出しそうにもなりました。しょせん、われわれはアマチュア、ムラがあって当然なのです。

というわけで、ゴルフ発展途上な人や、ゴルフで数々の武勇伝を残しつつも、最近叩くことがある方、あるいは飛距離が落ちた、集中力、体力が衰えた方は、この企画でスマート&クレバーなラウンド術を覚えてください。

本企画の主旨を説明しますと、まずは「レッスンではなく指南書」と理解されたし。そもそも、われわれはプロではありませんから、レッスンなんてできません。

けどゴルフ一筋25年のアマチュアは、下手の気持ちが痛いほど分かります。練習嫌いな読者の習性も心得ています。ゴルフに対するとらえ方、戦略を学びつつ、マッチするギア選びや斬新な使い方も覚え、スコアに結びつけられればと、企画を立ち上げたのです。

それでは、1回目の講義をしましょう。最初のテーマは「さらばアイアン、ウエル

カム ユーティリティー（ＵＴ）」です。

昔は2番アイアンをビシッと打ち、タイガー・ウッズのようにラウンドしたいという、妄想を描いたものです。家になぜか2番アイアンがあり、こんなクラブをマジで打とうと思っていたんだ、と驚いています。今それをいったら、ヘソで茶を沸かしますよね。

結果的にアイアンは、マン振りすると曲がるし、シャンクするし、スコアアップに役立ちませんでした。いつぞやは、セカンドショットでシャンクが出て、サードショットもラフから軽めに打ったのに、またシャンクでした。シャンクは出だすと止まりません。「シャンクを4回連続打つと、元の場所に戻る都市伝説」がありますが、危うく達成しそうになりました。ほんまかいな。

話せば長い木村のＵＴ遍歴

そんな状況で途方に暮れているときに見つけたのが、プロギアの〈インテスト〉、俗にいうタラコです。これは非常にマッチし、生まれて初めての100切りもタラコのおかげでした。それからタラコの発展型の〈ズーム〉に移り、6本買いました。以前、設計に携わった故竹林隆光さんに会ったときに、タラコの話で盛り上がりました。今では良い思い出です。

タラコ&ズームの良い点は、アマチュアが簡単に打てることです。ヘッドがでかくて、ソールがウッドの半分ぐらいだから、チョロも少なく、しかもそこそこ飛距離が出る。シャンクなんて出ないし。もしネック方面にボールが当たっても、極端なヒール球となりますが、それでもなんとか前に進みます。

アイアンは3~5番を外し、ロフト角15度からズームでそろえ、常時3、4本入れてましたか。ベストスコアの75、鶴舞CCでのキャプテン杯優勝のときなど、いつもそばにズームがおりました。

そして先日、ヘッドスピードを測定したら37m/sでした。ガーン、今までずっと42m/sだと思っていたのに。年を取ると体は退化するものです。そんなわけで、ここ4、5年は6番アイアンも打てなくなり、現在はアイアンよりUT(マグレガー、キャスコ)が多めで、キャディバッグに入っています。UTのないゴルフなんて、もはや考えられないですね。

参考までにどんなUTを選べばいいか、考えてみましょう。UTは「種類が多くて何から手をつけていいか、分からない」、そういう意見をよく聞きます。

ＵＴは大きく分けて、ウッド型とアイアン型の２タイプ（ズームならＣがウッド型、ｉがアイアン型）があります。自分の好みで選んでいいと思います。私は断然、ウッド派でアイアン型のズームｉは打てませんでした。タラコも同様にウッド型のＦＸを愛用。同じＵＴでも、こんなに違うのかと、愕然《がくぜん》としたことがありますね。

ＵＴの試打の注意ポイントは、第一印象です。「クラブは見た目が９割」と、私は思っています。別に結婚するわけじゃないのですから、ちょっとした浮気のつもりで、試打してみてください。「口説けそう」と「当たりそう」は、ほぼ同じニュアンスです。

きっとすてきなアバンチュールに、なると思いますよ。

目次

装丁・本文デザイン
間野 成
カバー・本文イラスト
かざま鋭二

第1章

コースマネジメント編

講義 1

結果オーライ、ナイスミス、サイコー

「人事を尽くして天命を待つ」って結果オーライを引き寄せる努力のことだったのね

◆◆ 100切り先生流、運を引き寄せるマネジメント

ゴルフって「結果オーライ」でよかったことが多いスポーツですよね。ある人は、「半分ぐらい運」といっていましたが、それは盛りすぎでしょう。でも1〜2割ぐらいは、運が左右するかも。100切りゴルファーにとっては、なおさらです。

例えば「バシーン！」とドライバーで打ったら、木に当たったボールが前方に跳ね、カート道路にぶつかって大きくバウンドして、結局ベストポジションをキープした、とかね。いや〜、こういうときは、森の妖精たちに感謝しないといけません。

ゴルフは運も味方につけないと、勝てないスポーツです。日ごろの行いを神様が見ていますから、襟を正し、ダフって芝を削ったら、砂を埋めるぐらいのことをしないと、ラッキーショットは現れません。というわけで、どうやったら結果オーライショットが出せるか、考えましょう。実は運を引き寄せるコースマネジメントがあるんですよ。

それでは秘儀、「幸福を呼ぶ、高確率の攻め方」を大公開です。

①山裾か谷か?

ティグラウンドに立ち、左右にOBがあるか、普通は確認しますよね。それはいいのですが、問題はOBの距離と傾斜です。

つまり遠くにOBがある場合は、特別意識する必要はありません。むしろ左右の斜面の形状が問題です。たとえOBがなくても、谷になっていたら、出しづらいので打ってはいけません。逆に山裾の斜面になっていたら、OB方面に打っても、斜面からボールが転がって落ちてくる確率が高いです。

山裾を意識して打てば「バシーン、あちゃ〜OBや〜、コロコロ、ラッキー、山からボールが転がってきた〜」となって、命拾いです。これぞラッキーショットの醍《だい》醐《ご》味《み》、ぜひ山裾を狙ってみてください。

②すべて大きめに打つ

池越えなどは、迷わず大きめに打ちましょう。池越え150ヤードなら、キャディさんに聞いたり、ガイドを見て、グリーンの後方は、どこまで大丈夫か。そこを調べて、170ヤードぐらい打っても大丈夫でしょう。

なぜ大きめに打つかですが、われわれ100切りゴルファーが認識している飛距離は、たいがいナイスショットしたときの飛距離なのです。「7番で150ヤードかな」という方は、10回打ったら4回はボールが曲がり、4回は当たりの薄い「コスリ球」でしょう。結果、宣言どおりの飛距離は、10回に2回ぐらいですかね。

だから谷越えショットは「バシーン、決まった〜、あれ、失速してる〜、当たりが薄い。でも大きめで打ったから、谷は越えた〜、セーフ」。現実はこんなものです。いいですか、「自分をでっかく見せるよりは、小さく見せて元を取れ」そういうことです。

③ピンを立てておく

特に夏場の鬼門となるのがサンドウェッジ(SW)です。SWでアプローチしようものなら、ラフに絡まれてザックリをしたり、ロクなことがありません。ちょっと自信がないときは、SWをやめてピッチングウェッジ(PW)や9番アイアンを使って転がしましょう。じゃ具体的にラッキーショットはどうなるか？

PWでアプローチをしても「あっ、やっちまった、トップじゃん。ガシャン、ピンにぶつかってセーフ」ってことがよくあります。だからアプローチのときは、ピンを立てておきます。加えてパターでカラーやフェアウェイから打つときもピンを立てっ放しです。いつラッキーショットが起きるか分かりませんから。

さらに、2019年からルール改正でピンを立てたままパターが打てます。この新ルールを使わないテはありません。さすれば、「あっ、でかい、ガシャン、コロン」と、カップインすることもあるかもですよ。

④オーケーは相手に甘く

そしてオーケーパットは、相手にすごく甘くしておきましょう。そうすれば、自分に微妙な距離が残ったとき、「あ〜、いいよ、さっきオーケーもらったから」と、お返しがきます。パターでオーバーして、返しがきついときの、救済策は相手に優しくですよ。

⑤難しいホールは叩いておく

昔も今もコンペは新ペリアという、隠しホールを計算して集計するタイプが主流です。98のスコアでも、88の人よりよくて、優勝したりもします。それこそ、「運のみ」ゴルフの典型じゃないですか。

コンペでは、新ペリアの優勝を狙ってあらかじめ叩いておくのもテです。「え？　別に狙わなくても、十分叩いている」って？　これはお見それしました。それでは、皆さん楽しい「運のみ」ゴルフを、たっぷり満喫してください。

講義 2

手前から攻めるとはどういうことか？

100切りゴルファーは謙虚に、謙虚に、攻めるのが鉄則。女性の攻め方と一緒です

◆◆昭和のセオリーだけど今でも十分有効です

ゴルフと女性のアプローチは、昔から「手前から丁寧に」が鉄則といわれています。女性へのアプローチは他の雑誌にお任せし、ここではゴルフに特化して書きます。

なにゆえアプローチは手前がいいのか？

それは、昔の日本人が設計したコースは、砲台グリーンが多く、手前から見たグリーンは、上っていることが多い。そういう理由で、手前からが攻めやすいのです。

確かにグリーンの奥につけると、極端な下り傾斜のパットを打たざるを得ません。ましてや、グリーンをオーバーしたら、城の石垣ぐらいの、急勾配の傾斜を返さねばなりません。大変です。

昭和のコースは、たいがいこんな感じでした。平成に入り、2グリーンを1グリーンに改造したり、外国人設計家が多くなって、広い面積の洋風グリーンが増え、俗にいう「ポテトチップグリーン」が登場します。そうなると「手前から上り」理論が通用しなくなる場合が出てきました。おかげで、3パットばっかしなんてこともありました。例外は多々ありますが、それ

でも、100切りゴルファーから見れば、手前からがいいに越したことはないのです。

それでは、手前からアプローチのメリットを、具体的に挙げてみましょう。

①バンカーに入れないことが大事

グリーンまで残り180ヤード、UTを駆使すれば打てない距離ではないです。じゃグリーンに乗る確率はどうか？　多分2割以下でしょう。残りはショートするか、左右のバンカーにつかまり、ダボぐらい叩くんじゃないでしょうか。じゃ、どうするか。160ヤードを打てば、左右にブレたとしても、ハザードに入らず、大叩きを防げるということです。

けど目の前に「ここよ～、うまく乗せて！」と、グリーンが誘惑してくるじゃないですか。男なんだからビビってどうする。芝を刈り込んだ、丸見えのグリーンを狙わないのは、グリーンに対し失礼じゃないか。葛藤しますね。

取りあえず、周囲には狙うフリをして、こっそり短いクラブを持ち、160ヤード程度を打ちましょう。そして「チェ、ちょっと当たりが薄かった」とぼやきつつ、内心「グリーンの手前に置けてラッキー」と、ほくそ笑むのがよろしいかと思います。

②グリーンを把握し「上はダメ」を確認する

その日プレーするコースで、上につけてはダメのホールは、どれぐらいあるでしょうか。グリーンが難しいコースとして有名なら、18ホール中で六つ、3分の1ぐらいは傾斜がきついんじゃないでしょうか。全部の傾斜がきつかったら、お客さんは怒って帰りますからね。

一般的なコースでグリーンの傾斜が厳しいのは、ハーフに一つか二つぐらいでしょう。18ホールで要注意のグリーンは、三つか四つぐらいと把握されたらよろしい。

あとはキャディさんに聞く。過去にラウンドした同伴メンバーに聞く。それもダメなら、手前50ヤードぐらいからグリーンを見て、傾斜具合をチェックすべきです。

③上からのパットで痛い目に遭ってみる

人間の心理としては、グリーンの傾斜を気にするよりも、いかにカップに近く寄せるかを考えがちです。それなら一度、とんでもなく傾斜のあるグリーンで打ってみればいいでしょう。

ゴルフ場の練習グリーンは、総じて平らになっているので、ラウンドのとき、本物のグリーンで傾斜のきつい場合、手前10メートルと、カップの奥の下り5メートル、どっちが寄せやすいか比較してみましょう。

ゴルフのルールでは、パットを打ち終えて、後続組がまだ見えないときは、パターの練習をしても問題ありません。タイミングよく、そういう状況になったら、打ってみること。これが一番、分かりやすいです。

④なぜグリーンにひとまず乗せたがるのか?

これは100切りゴルファーの永遠のテーマです。アプローチが下手ゆえ、遠くからでも、まずはグリーンに乗せたがる。乗ればパター以外使わないから迷いが生じない。この二つの要素で、とにかくグリーンに乗せたがるのです。

ここは逆転の発想で、転がしでいいから、30~50ヤード程度を確実にグリーンのピン手前に乗せる術《すべ》を学びましょう。アプローチが苦手なら、はやりの「チッパー」でもいいです。チッパーは、アプローチ用に作られたクラブで、9番アイアンぐらいのロフトで、パターのようにスライドをさせて打ちます。いろんなタイプが出回ってますから、試打してみるのはありかなと。チャックリやトップというミスが、だいぶ減りますからね。

以上、手前からの攻略法、何かの機会に試してみてください。

講義 3

金谷拓実を変えたガース・ジョーンズの教え

畑岡奈紗、金谷拓実のコーチの教え。100切り先生が一般アマ向けにかみ砕いてお届けします

2017年の日本オープンは凄かったですね。アマチュアの学生、金谷拓実選手が2位になりました。彼は東北福祉大学に在学していて、ナショナルチームのコーチであるガース・ジョーンズ氏から多大な影響を受けた、といっています。

それではガース・ジョーンズ氏とはいったい何者なのか。そして彼の教えとは何なのか？ われわれが参考にできることがあれば、どんどん取り入れたいと思います。

ガース・ジョーンズ氏は1971年、英国生まれで、2000年から4年間オーストラリア国立スポーツ研究所で働いていたそうです。その後、さまざまなチームのコーチを歴任し、オーストラリアのナショナルチームコーチを経て、15年に日本ゴルフ協会に招聘《しょうへい》され、日本のナショナルチームのコーチに就任しました。

国立スポーツ研究所のゴルフ部門がある国ってすごいですよね。そんな「虎の穴」みたいな組織、日本じゃ聞いたことがありません。日本もまねをしてつくらねばいけませんね。

ガース氏が説くマネジメントの肝は？

そのガース氏、金谷選手に教えたことは、すこぶるシンプルなことです。

①打ってはいけないところに打つな

いわれてみれば単純なことですが、なかなかどうして、奥が深いようです。

金谷選手はヤーデージブックにたくさんバツをつけて、そこに打たないようにしたとか。

「分かりました。OB方面はバッですね」と簡単にいかないのがゴルフです。同じOBでも深い位置にあるOBがあります。あるいは逆に、カート道路を越えたらすぐの浅いOBも。だからキャディさんがひと口に右OBだといっても、どういうOBかを自分で判断することが大事かと。

あと、アマチュアは池を嫌う習性があります。「右OBで左が池」でも、右のOB杭《くい》が隠れて見えない。そうなるとOB方面に打ってしまいがちです。人間は視野に入るものに対し、敏感に反応するのです。「水を入れる予算がないので、赤線の内側を池扱いにします」っていわれても、全然怖くないです。やはり本物の池が見えるから、怖さを感じるんですね。

右OBで左が池の場合、当然、池方面に打つしかないです。だって池は、入ったところから3打目ですから。OBはOBゾーンに入った地点から4打目(2019年から)。この差はでかいです。

さらにグリーン周りの攻め方ですが、アマチュアはOBがない場面でも、どんどんバツをつけるべきです。アゴの高いバンカーとか、中途半端な距離にあるバンカー、砲台グリーンの奥で傾斜がきついところとか。そういうところを避けるのは、とても大事です。

もし前後左右、全部バンカーだったら? これは関ヶ原の戦いで四面楚歌《そか》に陥った島津軍の戦法を見習いますか。「狙いはグリーンセンターの最難関のみ」って、これぞ「島津の退《の》き口」作戦ですか。あっぱれとかいってる場合じゃないです。アマチュアはたいがい乗りません。どの方面にも逃げ口がない場合で、長距離が残っていたら、刻むのも戦法の一つです。

◆◆ショートゲームで考えるべきことは?

②グリーンは一番打ちやすい、上り真っすぐラインにボールを寄せる

上り真っすぐラインの位置を専門用語だと「ゼロポイント」というそうです。要するに、カッ

プの上や横1メートルにつけるよりも、上り真っすぐ5メートルのほうが入りやすいかなと。理屈はそうですが、100切りレベルの人間にとっては、ゼロポイントを探すことが難しいし、ゼロポイントに打つのも難しい。

というこことでカラー付近からのパット、あるいはアプローチで、低そうな場所を、まず探しましょう。そこを勝手にゼロポイントと命名しときますか。

グリーンを狙って打って外したら、今度はカップのやや下辺りに、寄せるのがよろしいかと。日本のコースの多くは、手前から攻めるように造られているので、カップ手前10メートル程度に寄せられれば、よしとしましょう。

③アプローチ重視の練習と戦略

ガース氏がいうには、日本人選手はショットにエネルギーを注ぎ、アプローチやパターのショートゲームに練習時間をさほど割かない。スコアメークはショートゲームが大事なので、そこをもっと練習したほうがいい、といっています。日本人は体力面で劣っているので、とにかく飛ばそうと考えるから、ショット中心になったのではないでしょうか。

それではわれわれアマチュアはどうでしょう？　ショートゲームの練習をたくさんしましょう。飛距離は年齢的にも落ちる一方なので、無駄なあがきはやめるべきです。ゴルフ場のアプローチ練習場は基本タダですから、日が暮れるまでやればいいのです。せっかくシニアになるのですから、枯れたゴルフを見せて、若者をギャフンといわせたいですよね。

講義 4

過去を引きずらない3ホールプレーとは？

スコアをつけると意識しすぎる。つけないと緊張感が出ない。そこをいいあんばいにする方法

◆3ホールごとに線を引き「別線」扱いに

今回はスコアのつけ方を考察しますって、そんなの分かっておるわい。じゃなくて、ちゃんとスコアをつけていると「最後ボギーで、100切り達成だ〜」って場面に遭遇することがあるでしょ。そうなると、かえって緊張して、叩いてしまう。それを懸念しているのです。

スコアを気にしないプレーをするには、どうすればいいか。スコアをつけなければいいのです。マジすか？　非常に仲のいい友人とラウンドするときに、事情を説明して、代わりにスコアをつけてもらう。「3番ダボね」と。あるいはスマホに「オッケーグーグル、1番はトリプルつけといて」としゃべるとか。なんてさすがにそこまではやってくれませんが、まあ、適当にやっておけばいいのです。実際、知り合いのお笑い系の方と一緒にラウンドしたとき、「面倒くさいからスコア、つけてて」と頼まれたことがあります。でも、そういうときに限って、その方は叩いてました。なんじゃそりゃ。

結局、スコアの人任せは、プレッシャーがなさすぎて、成績も芳しくないのです。

じゃ、どうすればいいのか。いろいろ考えた揚げ句、編み出したのが、「3ホールプレー」というやつです。これは昔からよくいわれているスコアの書き方で、集中力を高めるために、用いられることが多いです。

やり方は簡単で、とにかく3ホールごとに太い線を引き、「別線」扱いにするのです。ここでの別線とは、マッチプレーで戦うとき、8ホール目ですでに決着がついた、残った9ホール目は、別なやり方で戦おう、つまり8ホール目に線を引いて、別計算をしようと提案する。そういうときに、別線という用語を用います。

◆◆「ダボねえちゃん」には決して負けるな！

ということで、あなたのたった一人の全英オープンは、3ホールマッチで、6回やっていただきましょう。

皆さんの戦っている相手は、パーおじさんじゃありません。強いていえば、「ボギーおばさん」とでもいいましょうか。あるいは妄想の中の「ダボねえちゃん」とかね。

そもそも「アンクルパー」と戦う発想は、球聖ボビー・ジョーンズが編み出したものです。仮想の対戦相手としてのアンクルパーと戦い、常に対戦相手はパーしか取らない安定しているおじさんである。その仮想オヤジと自分は常に戦っているのだ。だから、自分の心の平静は乱れないと思ったそうです。

つまり、リアルな対戦相手がいるから、相手のスコアに一喜一憂してしまうんですな。ですから「ダボねえちゃん」に、決して負けてはダメです。負けたら109以上のスコアが待っていますから。

さて3ホールごとのスコアだと、ボギーが二つでダブルボギーが一つの、4オーバーで6回回って、96で上がってこられます。当面、3ホールを4オーバーでラウンドすることを想定しましょう。

スタートホールは、ダボで上がれば想定内というプランです。380ヤードぐらいのミドルホールで、ドライバーを曲げて林に入れても、4回でグリーンに乗ればいいのです。そう考えたら精神的にすごく楽になりますね。

先日、トリプルスタートで始まったゴルフが、東北人の粘りを発揮して、なんと86で上がってきました。だからスタートホールで叩いても、気の持ちようで、いかようにも変化します。つまり禁物なのは、スコアより、叩いたことによる精神的動揺や焦りです。それでリズムを崩して、2連続トリプルとかね。そうなることが問題なのです。

私の場合、最初トリプルだったら、次はダボを出せばいい。そうやって自分に優しく言い聞かせます。

万が一、出だしで3連続トリプルになっても、3ホールごとの戦いだから、全然オッケー。そうなったらどうするか？　そのときは、スコアカードを破ってゴミ箱に捨てればいいのです。そしてサブで持っていた新しいスコアカードに、4ホール目から、新たにスコアを書き加えればいい。ただそれだけです。

別に競技会に出るわけじゃないので、いいリズムでプレーができ、よい部分だけを、思い出として残せばいいと思います。

ゴルフは前半ダメでも、昼休み後の後半もあります。別に100を叩いても、SNS上で恥をさらされることもないですしね。

叩いてもやっちゃいけないことは、途中でリタイアすることです。俗にいうNR（ノーリターン）は、棄権と見なされ、ちょっといいかげんな人扱いされます。スコアの提出義務はありませんが、せっかくお金を払ってプレーをしているのですから、完走はしましょうね。

講義 5

ゴルフは視覚で惑わされるスポーツ

「ゴルフとは、目の前にハザードを造り、プレーヤーを悩ませ、ビビらせるスポーツ」――100切り先生

◆◆谷越えで、血管浮かせて揚げ句、チョロ

今回はゴルファーを惑わす景色、視覚の問題を述べたいと思います。ゴルファーは目の前に見えるハザードや気象条件から、スイングに微妙な影響を受けます。

簡単にいえば、目の前が谷で150ヤード打たないと越えられない、あるいは、強烈なアゲンストの風が吹いて、飛ばさないと前に進まない、こういうとき、なぜかアマチュアは額に血管を浮かせてマン振りし、揚げ句、チョロとかしますよね。

あれは、なんでしょうか。

「リキむ」という言葉で、簡単に処理できない問題だと思います。自分が見た、感じたマイナス情報に対して、過剰に反応してしまうんですな。

逆にコースの設計者側からは、こういう言い方もできます。「ゴルフとは、目の前にハザードを造り、プレーヤーを悩ませ、ビビらせるスポーツ」であると。

要するに設計者は、プレーヤーがハザードを見て過剰反応し、アドレナリンを大量に分泌し

て、勝手に自滅してしまう、それを、ほくそ笑んでいるのでしょう。

ですから、ドライバーの平均飛距離が一緒の、ゴルフロボットとプロ選手がゴルフをすれば、ロボットが勝つでしょう。理由はロボットに、プレッシャーがないからです。

つまり左右ＯＢで狭い、２３０ヤード池越えのアゲンストという条件でも、マシンはビビりませんよね。コンピュータは的確にライと状況を判断し、打ち方を決めますから。もちろん人間なら多くの場合、刻むと思いますけどね。

◆◆アマチュアに厳しいコースは行かぬが仏

というわけでわれわれ１００切りゴルファーがプレッシャーに勝つには、どうしたらいいか。いろいろ作戦を考えましょう。

①ハザード越えのティショット

いきなり谷越えホールかよ～、さあどうする？　ここで一番大事なのは「前進4打」の特設ティがあるかどうか、それを確認しましょうって、ほんまかいな。もし前進4打（もしくは3打）の黄色いティがあれば、もう安心。これ以上叩く心配はありません。

100切りゴルファーにとって谷は、テーマパークのアトラクションみたいなもの。お化け屋敷に入って、怖がらないでどうする？　谷に敬意を表し、思いきりビビりましょう。

もし、前進ティがないときは？　そのときは討ち死にしますが、そんなビジターに優しくないコースは、金輪際行かなくて結構です。

②長いミドルホール

100切りゴルファーは、ティグラウンドのヤーデージを見て、勝手に血圧を上げます。ミドルホールなら、400ヤードが目安です。「400って、献血2回分か。血を抜かれたから、クラクラしてきた」って気分ですね。

一番よいのは、ヤーデージを見ないことです。OBの確認もなし。何も考えず、練習場のように打つことが、長いホール打破のコツといえましょう。もし、400ヤード以上の表示が見えたらどうするか？　そのときは、どうせ2回で乗らないのだから刻みましょう。

ドライバーを軽く打てる方は、クラブを短く持って、コンパクトスイングを目指し、前進180ヤードで結構。ドライバーを持つと、つい振ってしまう方は、5番ウッドやUTで刻むのもアリです。

距離の長いホールに遭遇したら、グリップを長く握り締めて、マン振りする。これだけはやめましょう。何回も痛い目に遭っているでしょ。どうせ2回で乗らないのですから。

③アゴの高いバンカー

これは打っても、バンカーのアゴにつかまり、またバンカーにボールが戻る。自分の実力では、到底無理です。この場合、2019年からの新ルールを採用し、2罰打で外に出すしかないです。記念として1回打ってもいいけどね。1回目で出なかったら、ペナルティを払って、外に出すのが大叩きしない秘訣《ひけつ》です。

④ツマ先下がり、上がりのライ

ホールの左右にある傾斜のある小山。そこにボールがよく行きますよね。「残り100ヤードならば、ピッチングで十分だ」と。けれど実際は非常に難しいです。極端なツマ先上がりは、クラブを短く持たないと打てません。故にPWで打っても届かないのです。

残り100ヤードでも、上りの傾斜から打つときは刻む覚悟で打たないと。大きめのクラブを短く持って、ゆっくり。これがなかなか難しいです。

というわけで面白い設計のコースは、オヤジを幻惑させるトラップが満載。だまされたフリをしつつ、回り道をして、刻むのがベターな選択です。それが大人の分別というやつですかね。

講義 6

50ヤード以内のアプローチは絶対乗せたい

この連載の呪縛か、100も打たないが、80台も出ないでいいの、それでいいの

◆◆残り100ヤードは5割も乗れば十分

この連載の開始以降、90台のスコアばっかりです。五十肩ながらも軽く打って、のらりくらりのラウンド。それでも100を叩かないのは、非常に気持ちがいいです。

神様に「80台も出るが100も叩くゴルフと、80台は出ないが100も叩かないゴルフのどっちか選べ」といわれたら、迷わず90台ばかりのゴルフを選びます。もちろん若いころなら80台もありですが、体力の衰え、維持することの難しさを考えたら、「まずは出血を止める」、すなわち100を叩かないことが先決でしょう。90台が安定したら、神様と再交渉すればいいんです。そういうことですね。

今回は「50ヤード以内のアプローチは絶対乗せたい」という、小さい男の小さい野望です。ゴルフ雑誌の企画で「80～100ヤードを乗せる」はよくありますが、「50ヤード以内」はあまり聞いたことがありません。

何でこの結論に達したか？　まずは、

①「距離的難しさ」から、説明します。

普通、残り100ヤードは、PWをフルショット、または9割ショットぐらいでナイスオンしますが、毎回乗るかというと、そうでもないですよね。コースでは風や傾斜、距離読みなど、さまざまな要素が加味されますから、100切り先生的には、「5割乗れば十分でしょう。

今回は特別ゲスト沖田プロに50ヤードを打ってもらいました
かざまさん自信ないの？
ワシの許可は？

じゃ60～80ヤードぐらいなら、何割の確率で乗るでしょうか。これも案外難しく、せいぜいよくて6～7割だと思います。だって60ヤードと70ヤードを、打ち分けできますか？ そもそも、今から自分が打つ距離が、本当に60ヤードなのかさえ、分かりませんから。60～80ヤードの距離を打つのは、コースとの相性み

たいなものです。たまたま70ヤードが乗ると、次の60ヤードも乗るってものです。

これが逆に最初60ヤードを打ってショートをすると、次に70ヤードを寄せる場合、強めに打ってオーバーとかね。攻めが、ちぐはぐになることは、往々にしてあります。

②ライの状況を考えないと。

多くの人がアプローチ談議をする場合、「フェアウェイの平らなライ」という前提の下に語っています。でも現実は違います。水は低いところに流れるのと同様、「ボールは低いところを好む」習性があります。

フェアウェイをキープしたと思ってボールに近づくと、微妙にくぼんだところに、よくあるんですよ。いろんなライがあるので、残り50ヤードを乗せるのは、至難の業といえます。

◆◆打ち損じてからピン方向に歩測

攻略でまず大事なのは、距離の測定です。残りの距離が測れる測定器を使えれば、それで結構ですが、歩測の場合、ボールとピンの中間地点まで大股で歩き、25歩なら倍にしてだいたい50ヤードと分かります。そんな余裕がないときは、もう勘しかないです。

勘の養い方は、打ち損じてもクラブを地面に叩きつけず、その場からピン方向の中間地点まで歩測することです。「打ってから歩測する人」は少ないです。でもそれをやって初めて今打った距離は何ヤードだと分かるのです。これすごく大事ですよ。

実際の50ヤードショットは、ライがいい場合、ＰＷやアプローチウェッジ（ＡＷ）などでハーフショットすれば対処できます。これは日ごろ打っているので、これ以上説明をしません。

問題はライが悪いときです。多くの人は、残り50ヤードだからと、ＰＷを持って現場に行き、ベアグラウンドなのに、そのままＰＷで打ってしまう。だから乗らないのです。

芝が薄いとき用のクラブを使いましょう。

私の場合は、ロフト角40度のＵＴ、すなわち８番アイアン相当のＵＴを使います。ただそんなクラブはめったにないので、９番アイアンや８番アイアン、あるいは寄せ専用のチッパーを使ってみましょう。一度、だまされたと思って打ってみてください。ＰＷよりは確実に転がり、前へ進みます。打ち方も、パターを打つようにスライドさせて打つ方法もありますし。

コースにアプローチ練習場がある場合、使わない手はないです。めったに行かないアプローチ練習場だから、ふかふかの芝の上から打つ。この考えはやや違います。おいしいイチゴのショートケーキも、イチゴは娘に食べさせて、あなたはクリームの少ないスポンジを食べるでしょう。同様に奇麗な芝は若いお嬢さんたちに譲り、ベコベコの砂地から打ってこその、男気ってものです。

多くのシングルさんが実践している、「ベアグラウンドの汚れ打ち」、皆さんもぜひ、やってみてください。最初は飛びませんが、慣れてくると、カラーぐらいにはたどり着きますから。

講義 7

100切り前夜、ゴルフの覚醒とは

初心に戻って100切りへの手順を夜な夜な考えてみるといい(思春期の初デート前夜みたいに)

◆100切り先生の「初100切り」の思い出

先週、スーパーサイヤ人状態になって80台を連発、今季最高の83を出したと思ったら、今週はすっかり普通のクリリン状態に戻り、ハーフ49というありさまです。まあ、素人のゴルフって、そういうものですよね。

そこで叩きながら、いろいろ考えました。今から25年ぐらい前、どうやったら100を切れるか、日夜勉学に勤《いそ》しんでいた時期、それを思い出したのです。われわれ昭和30〜40年代生まれは、マニュアル&ウンチク文化の申し子です。デートを想定して、枕を抱きつつ、どうやったらキスできるか、日夜考えたものです。いつ目をつぶるべきか、とかね。

その延長で、ゴルフもいかに100切りを達成すべきか、細かい分析の下に、戦略を練っておりました。昔の思い出に浸りながら、その攻め方を公開したいと思います。

まずティショット、これは仕方ない。ドライバーで打つしかありません。スプーンで打ったほうが、まだミスする時代だったので、ドライバーにすべてを任せるしかありません。もちろんミスもありで、林やラフ、バンカーに入るのは、お約束です。2回に1回、そこそこ当たればいい、そう考えていました。

問題は、次のセカンドショットです。進行上、第1打をナイスショットしたと仮定して話を進めますが、このセカンドショットの打率がすこぶる悪かったのです。ドライバーは曲がっても、そこそこ前に進むでしょう。セカンドショットは、そうならなかったのです。

乗ったぁーっ!
残り180ヤード2オンに成功だっ!
見栄《みえ》を捨てるのが上達のカギです

長いアイアンだと、辛うじて使えたのは4番ですか。当然きっちり打てるわけもなく、ナイスショット打率2割以下って……。ダフリやシャンクなんてのも出て、しっちゃかめっちゃかでした。結

果、そんなもん使うなってことですね。あとウッド類ですか。3番ウッドはなしですが、5番ウッドで180ヤードぐらいを打とうと試みますが、これもボールの頭を打ってのチョロか、大ダフリ、あるいは引っかけと、これも打率3割以下です。これじゃゴルフにならない。

ゴルフって、チョロやダフリなど、180ヤードを打つつもりで、前進30ヤードぐらいを打ってしまうと、自分自身にシラケますよね。もはや完全にペナルティじゃん。このショットって、何？　って思います。

これが180ヤードを打つつもりで、当たりが薄いとなって、前進150ヤードならゴルフになります。あとは30ヤードを寄せればいいのですから、これなら取りあえずはグリーンにオンできますよね。

◆◆固定観念にとらわれず自分なりのマニュアルを

とまあ、いろいろ悩んでいるときに出合ったのが、ユーティリティークラブの数々です。今はハイブリッドというそうですが、当時の呼び名のUTで話を進めます。

自分にも世の中にも勢いがあった時代だったので、いろんなタイプのUTを試しました。大ざっぱにいって、UTはアイアンタイプとウッドタイプに分かれます。もともとのデザインがどっちから派生しているかってことですが、どちらも魅力的かつ個性もありで、決めかねていました。

そんなとき、プロギアのインテストのＦＸシリーズという、ウッドタイプが目に留まりました。俗にいうタラコというやつで、タラコの多くはアイアンタイプが主流でした。アイアンタイプで１８０ヤードを打とうとすると、相当振らないといけない。結果、ボールが曲がるという現象にぶち当たっていたのでした。それに比べてＦＸは相性がよかったです。１８０ヤードをチョロすることなく、そこそこ真っすぐ飛びましたから。これだ！　と思って早速使ってみたのですが、バッチグーって、古いなあ、もう。

たまたまドライバーがちゃんと当たったときは、セカンドをＦＸで打って、グリーン脇へ、楽々ボギーですから。あ〜これだなって感じで、ゴルフに覚醒したのを覚えています。それから何度目かのゴルフで、念願の１００切り達成。不思議なもので１回１００を切ると、頻繁に１００を切るようになりました。

これでようやく攻め方が分かったというか、自分の戦略を明確に理解した気がしました。アイアンにおいては、もともと当たらないのに練習もしないし、そうなると現場でも使わないから、ますます当たらなくなりました。だから１００切り達成はいいけれど、今度は１００〜１５０ヤードショットの正確性が問題となりました。これもＵＴがだんだん得意になってきたので、短いＵＴを探して、アイアンの代用をさせるということで解決しました。

ゴルフは固定観念から脱却することが重要です。自分の得意なクラブのよさを、もっと利用して幅を広げる。これが大事だと思いますね。

講義 8

アプローチを、クラブ1本でやってみる

箸1膳で何でもつかんでみせる日本人の器用さを忘れちゃいませんかってことです

◆◆万能の1本は売っていません

今から、クラブをたくさん使ってラウンドするよりも、少ない本数でラウンドしたほうが上達することを説明しましょう。皆さんも、その理論は知っているけど、いざラウンドとなると、実践は難しそうですね。「根っからの心配性」なもので、14本使えるならあれもこれもと保険をかけて、キャディバッグに入れてしまいがちです。これは、ゴルフクラブだと思うから、いけないのです。

例えば、超高級なフレンチレストランに行ったとしましょう。テーブルの上には、ナイフやらフォークやら、スプーンやら、しかもサラダ用フォークとか、前菜用の小さなスプーンとか、何が何だか分からず、キャディさんを呼びたくなりました。実際にキャディさんが来ることはありませんが、代わりにコンシェルジュがやって来て、「どうぞ、これをお使いください」といって、輪島塗の箸を、さりげなく置いていきました。いやあ〜、これは非常に助かる。箸1膳で、サラダから魚から、何でも食べられて超便利。そう考えると、ゴルフクラブも万能の1本とか

ないですかね？

ゴルフクラブには、最初から万能の1本は存在しません。それは、おのおのが作るものです。個人的にはロフト角27度のUTが、120～150ヤードぐらいを打ち分け、万能化しており、6、7、8番の3本のアイアン分を1本でカバーしています。

3本分の働きを1本でこなすと、毛利元就《もうりもとなり》もびっくりの、「逆三本の矢理論」が成立します。つまりクラブ1本に絞れば、使用頻度が3倍になります。1ラウンドで何回も出番があるので、それだけうまくなるってものです。うまくなればミスが減り、ますます好結果を残し、スコアアップにつながるというわけです。とはいえ、27度のUTを使ってみろ、とはさすがにいいません。それは稀有《けう》な例ですから。

万能の1本をもし作るなら、ウェッジ類から挑戦してみては、いかがでしょう。1本のウェッジでアプローチをするのは、特別珍しいことではないです。飛ばし屋のプロで、SWの好きな方は、120ヤードより手前はSWしか使わない。そういう方もいます。

◆◆愛用のAWをなくしたがスコアは特に変わりなし

この前、愛用のAWをどこぞに置き忘れて、紛失しました。他にもAWはたくさん持っていますが、そのAWがしっくりきていたので、代用はなし、にしました。つまり現在はAW抜きで、PWをメーンにラウンドをしています。結果どうなったか。以前と変わらないプレーで、安定した90台前半を達成しています。

もともとウェッジにはPWとSWしかなかったのですが、ここ30年ぐらいでAWがポピュラー化してきたのです。ですから、30年前のゴルフ覚えたてのころに戻った、と思えばいいのです。

SWは、一応バンカー用で持っていますが、アプローチではほとんど使いません。どうしてもここはSWしかない、というときは使いますが、まあ1ラウンド、1回あるかないかですね。あとは全部PWで寄せています。

これをやるとどうなるか。3本の矢じゃないけれど、毎回PWを打つので、すごくうまくなります。「ここはピン手前だから、高くあげなきゃ」みたいなときはどうするか。ピン手前にボールを置けないので、ピン奥への転がしでアプローチをします。100切り先生的には、ピンから7〜8メートルに寄って、2パットで入れればオーケーです。

そう考えるとSWの出番は、そんなにないですね。もちろん正確に打てて、寄せワンパーを狙うならSWも必要ですが、われわれは「寄せツーボギー」あるいは、「寄せツーダボ」でいいのですから、PWでぬるくアプローチすればいいのです。

私はPW中心にアプローチをしていますが、皆さんが選ぶクラブは、AWでもいいし、もちろんSWが得意なら、それでもいいのです。1本主義に慣れると、使うクラブのアプローチ精度が、どんどん増していきます。

そもそも、ちゃんと仕事をしているクラブは、せいぜい7〜8本です。私の場合、ティショットは1番ウッドか3番ウッド、セカンドが4UTか5番ウッド、150ヤードからは5UTと8UT、そしてPWとバンカー用のSW、あとはパターで、18ホールのラウンドが十分できます。

実際、ハーフラウンドの仕事が多いので、たいがい7〜8本でラウンドしています。結果はどうかというと、実は14本のときと大してスコアは変わらないのです。

われわれは日本人ですから、箸1膳ですべての物をつかむことに慣れています。まずはアプローチ1本主義を実践してみましょう。

必ずや大きな自信になることと思います。

何してるんですか!?
ライの状態をしっかり確認しとるのデス
ウムアリさんが近くにおるな

第2章

テクニカル編

講義 9

シンプルゴルフのすすめ

シンプルなスイングが理想だけど、実はそれが一番難しい。せめて持ち物だけでもシンプルに

◆◆できるだけ、なくしても困らないものがいい

シンプルなゴルフがよいと俗にいわれていますが、どういうことでしょうか。

一般的にいわれているシンプルなプレーは、全盛期の宮里藍選手のスイングです。クラブを真っすぐに上げ、そのまま真っすぐに振り下ろすだけのように見えます。余分な動作が一切ない、究極のスイングといわれているのです。

人間はいろいろ知恵がつくと、あれこれ余分な動作をしがちです。飛距離アップのためにトップが深くなりすぎ、フックをかけようと右手をこね、揚げ句、引っかけるとか。たいがいアマチュアは、こんな感じです。

というわけで今回は、スイングはひとまず置いといて、われわれにもできるシンプルな行動で、何を省くかを考えます。

シンプルゴルフの最大の敵は雨です。雨の日はかっぱを着ます。あれはモコモコしてしんどいです。こっちは眼鏡なので、レンズが曇って大変。タオル類も必需品です。

しかもラウンド中は、傘を差して、目《め》土袋《つちぶくろ》を持って、距離計測器なんか持った日には、アップアップで、肝心のクラブを忘れたりしてね。

パットのときも、帽子のツバから滴り落ちる水滴が、目障りで仕方ないです。

とまあ、ゴルフは余分な荷物や動作を省くことを、いかにやるかが大事です。トヨタ自動車の「カイゼン」みたいなものですか。

細かいパーツごとに検討します。

①ティ

個人的な考えでいえば、ゴルフのティは木製の65ミリぐらいが一番好ましいです。よく高級なブランドティを持っている人がいますが、大事にしているので、なくすと大変です。そういうやつに限って、ボールも曲げて捜すはめに。そのボール捜しをする前に、「あれ！　ティは？あれ高かったんだよなあ」とかいって、進行が遅れるし。

これがひと山いくらの木製ティなら、なんぼなくしても問題ありません。しかも木製だから、長い年月をかければ、自然に回帰します。なくしても心はさほど痛みません。

プラスチックティは、その後が心配です。プラゴミは細かく砕けて、マイクロ化して、社会問題になっていますからね。

②マーカー

よくキャピキャピの女子で、スワロフスキーをちりばめた、ゴージャスなマーカーを持っているコがいます。そういうコに限って、ゴルフをあまり知らない。故にパットのラインに、キラキラしたマーカーが置いてあり、迷惑極まりない。普通は、ライン上にあることに気づいて「避《よ》けましょうか？」とか「ライン大丈夫ですか」というでしょ。

しかも、よくマーカーをなくすし。「私のマーカーがな〜い！」と大騒ぎだし。だから、おまえの帽子のツバについてるだろうって。

そんなわけで、コースが無料で置いている、普通のマーカーが一番よいです。たいがいボールがライン上でも、マーカーを避けずに、叩いて終わるケースが多いですから。

③距離計測器

確かに便利ですが、いちいち、ベルトの脇にぶら下げたポーチから出して、距離を測る手間が面倒くさいです。しかもこちらは眼鏡なので、非常に見づらい。眼鏡のレンズも汚れるし、人気商品を持っていると、「こっちも測って」と、うれしくも面倒くさいリクエストが。

要するに、距離計測器は誰かが持っていて、たまに計測を頼むのが理想です。

しかも、距離計測が正確でも正確なボールを打てるかは、まったく別物です。なんとなくだら〜っと、「残り80ヤードぐらい？」とかいって打ってたほうが楽です。「うへ〜、大きかった」といって、ごまかせば、自分の精神的ダメージは少ないです。

④目土袋

目土袋は邪魔でしょうがない、と書くと全国の良識のある紳士ゴルファーから、お叱りを受けると思います。でも目土袋って、本当に邪魔ですよね。あれ持って優雅にプレーできるのは、シングルプレーヤーです。

そもそも100切りレベルのゴルファーは、目土をする余裕なんてないでしょう。あれ誰か代行してくれたら、なんぼ楽なことか。

近い将来は、目土代行料金として500円アップの時代がくるかもしれません。時間の空いたキャディさんのバイトとして、夕方、集中的にやってもらいましょうか。

メンバーさんはコースを愛しているから目土をしますが、叩いてばかりのビジターには、ただの苦行にしか映りません。

そんなわけで、シンプル・イズ・ベストを目指しているうちに、いつの間にか100切りが達成されますよ。

講義 10

多彩なショットは、なぜ必要か？

いいじゃないですか！　7番アイアンで150ヤード飛ばなくったって

タイガー幼少時のコーチの教え

皆さんの中には、ゴルフをやって何十年のベテランで、達人の境地にたどり着いている方もいることでしょう。そういう方は自分のメソッドを確立しているので、なかなか人の意見を聞きません。けど場合によっては、あの人の話なら聞く、みたいなことがあります。

例えば、奥さんに「あんた、鼻毛を目の前で抜かないで」といわれても、「うるせ〜な」で終わります。でも広瀬すずちゃんに「お鼻いじっちゃダメ〜」っていわれたら、頬を赤くしながら即座にやめるはずです。

このようなことが、レッスンの世界でも起きています。私がいっても聞く耳を持たないでしょうが、世界的な名コーチが語ったら、すんなりと耳に入る、そんなお話です。

ということで、タイガー・ウッズを4歳から10歳まで教えた名コーチのルディ・デュランさんの教え、「ハーフショットなど、多彩な打ち方を覚えよう」を紹介します。

デュランさんは、NHKの番組『奇跡のレッスン〜世界の最強コーチと子どもたち』に出演のため、２０１７年、わざわざ日本に来ました。そして、千葉の多古中学校のゴルフ部に、１週間つきっきりでコーチをしたのです。2月にこの模様が放送されましたが、子供たちを含め、テレビを見ていたわれわれも奇想天外なレッスンにびっくりでした。

体育館に子供たちを連れていき、バスケットボールのゴールに、軟らかいボールを打って入れさせるとかね。実際は、高い位置にあるゴールに、ボールはなかなか入りません。故にゴール付近でも加点したりとゲーム感覚でやったので、子供たちは大はしゃぎです。

他にも結果を気にしないで思いどおりのショットが打てたら、よしとするとか。たまに打てたナイスショットは自分の心のアルバムみたいなものに保存し、成功イメージを大事にしてラウンドに臨むとかね。メンタルのとらえ方も素晴らしいです。

いよいよ本題です。デュランさんの教えで、一番分かりやすく大いに納得したのは、ドライバーからウェッジまで、それぞれ、100%、75%、50%、25%の力に分けて打つ、というものでした。

表現は違えど、われわれがいってるのは、フルショット、スリークォーターショット、ハーフショット、アプローチショットですから、同じことですね。でも中学生の子供が、50%の力でドライバーを振りますか？　いや、実際振ってたんですよ。見事にコントロールされて、俗にいう「置きにいく」ってやつですか。そんなショットを見るにつけ、この中学生、枯れているなって、そこか〜突っ込むところは！

◆◆悪いことばかりじゃないよ、五十肩

そんなわけで、デュランさんの教えを見習い、スリークォーターとハーフショットぐらいは確実に覚え、モノにしましょう。

そもそも、私はシャンク病なので、アイアンはマン振りをしません。ですからPWが80ヤード、9番アイアンは90ヤード、8番アイアンは100ヤードと決めて、スリークォーターショットをします。ハーフショットは、PWで50ヤード強、9番アイアンで60ヤード強ですか。フル

ショット禁止にしてからですよ、叩かなくなったのは。

「7番アイアンで150ヤード飛ぶ」なんていってたのははるか昔です。今なら7番アイアンで打っても、140ヤードも飛ばないでしょう。だからアイアンの飛距離自慢をしている人を見ると、もうかわいくて。ゴルフの自慢は、「スコアと、若い女性とラウンドしたこと」、この二つしかないのですから。

世の中、いろいろ障害があると、知恵が働き、さまざまな工夫を施します。シャンクが多いから、マン振りなしは理解しましたよね。続いて起きた障害は、五十肩です。2018年春、3度目の五十肩(1回目は四十肩)真っ最中で、毎週カイロプラクティックに通ってリハビリ中です。何がしんどいかというと、肩が回らないことです。そしてダフると、肩に高圧電流が走ったような激痛が。あ〜稀勢の里関の気持ちが分かる〜って、程度が違いすぎでしょ。

結局、肩が回らないから8〜9割ショットになりました。これこそけがの功名です。コントロールが利き、飛距離も、ミート率が向上したのか、さほど衰えませんでした。

3月末の花見ラウンドは、五十肩も満開状態で、ドクターストップ寸前ぐらいの状態でなんとかプレー。これが92でしたから。100切り先生的には、「よくできました」って感じですか。

というわけでデュランさんも、きっと五十肩になって、75%ショットを編み出したと思いますって、なんでも自分と一緒にするなっていうの〜。

講義 11

クラブを短く持つと、いいことだらけ

「分かっちゃいるけど短く持てない」。そんなあなたを指2本分短く持てるよう説得します

◆◆スイングアークはデカいに越したことはない!?

今回は「クラブを短く持て」という教えですが、なかなかどうして、分かっていても、できないんですよね。

頭の中に、「飛ばすならば「スイングアーク」が大きいほどいい、という教えが染みついています。スイングアークとは、ヘッドが描く円であり、デカいに越したことはありません。

故に、コンペでドラコンホールに遭遇したら、クラブを目いっぱい長く持っている自分がそこにいます。グリップエンドから小指がはみ出しそうですから。そんな握り方でナイスショットできるわけもなく、ボールは弧を描いてスライス。まあ、こんなものです。

スイングアークがデカい理論は、下半身がデカい理論くらいに、庶民に信仰されています。ほんまかいな。でも実際はだいぶ違います。小さくても、十分満足のいくプレーができるのです。

そもそも「スイングアークとはなんぞや」ですが、一般的には肩のツケ根から、ヘッドまでの長さで描く、円の大きさをいいます。しかし、クラブが長いだけでは説明ができません。つ

まり腕が縮こまっては、大きな円が描けないからです。

最近短いドライバーを持っている選手がいますよね。ジミー・ウォーカー選手は、42インチのドライバーを使ってましたし、リッキー・ファウラーは43・5インチでした。全盛期のタイガー・ウッズも43インチ台のドライバーを使っていましたね。つまりボールにしっかり当たって、振り切れ、しかも腕が縮こまらない長さのクラブのほうがいいのです。

なんとなく分かったような、分からないような感じだと思いますので、短く持つ私の体験を報告させていただきます。

指2本分短く持ったらこんなに変わった！

私のドライバーは、45・75インチと標準的ですが、目いっぱいで持つと随分長いクラブという印象です。

というわけで指を2本余らせて打っています。そうなると、どう変化するのか？

①ドライバーの球筋が変わる

球筋はスライスからフェード、あるいはフェードからややストレートへ変わりました。ボールがつかまるってこういうことなのだと、はっきり認識できました。

②飛距離は、さほど変わらない

クラブを短く持っても、ドライバーの飛距離は、さほど変わりません。むしろ強い球が出るという印象です。もちろん、クラブを長く持ってまぐれ当たりしたときの飛距離は、とんでもないですが、そんなショット、1日1回出ないでしょう。

結局、クラブを短く持てば、芯を食う確率が高く、ミスが少ない。平均を取ると、短く握っているほうが飛ぶのかなと。

③方向性は抜群にいい

クラブを長く持って打つと〝振り負け〟みたいなイメージになり、ボールをしっかりとらえた感はないです。結果、スライスが多くなり、ラフに入る確率が高まります。クラブを短く持つほうが、断然フェアウェイキープ率が高いです。

どうです。十分納得しませんか？

「けど、ドライバーだけ短く持つのって、なんか面倒くさいし、忘れてしまう」

こういう屁理屈を語る人がおります。そういう方に、とっておきの方法を教えます。

「すべてのクラブを短く持つ」

というアイデアです。マジすか？　そうなんです。ピッチングも指２本分ぐらい短くして持ちましょう。

ＰＷになると、さすがに短く持つと飛距離が落ちます。

例えばＰＷで打ったフルショットが１００ヤードとしたら、短く持つと95ヤードとかね。そこで強く振らないのです。逆にゆったり振って、ＰＷで90ヤードを正確に飛ばそうと考えればいいのです。私なんか、超ゆったりでＰＷは80ヤードの飛距離です。90ヤードが９番アイアン、１００ヤードが８番アイアンですから。

アイアンは飛距離を自慢するクラブじゃないので、短く持ってゆったり振れば、ミスショットがだいぶ減ります。それでいいのです。

パターは短く持つと、猫背になって腰を痛める場合もあるので、パスして構いません。故にＳＷから短く持つようにするのが、ベストだと思います。

特にアプローチやバンカーショット。これもクラブを短く持ったほうが、ミスが減ります。クラブは指何本分でも短く持っていいのです。

今まで、スイングの強さで距離を調整しましたが、実はクラブの長さで調整したほうが、簡単です。これは振り幅が一定なので、ミスがすこぶる減りますよ。

講義 12

フック回転が、よく飛ぶ理由

あの手この手で憧れのドローボールを手に入れた100切り先生の研究成果を一挙公開します

◆◆なんちゃってドローでもいいから打ちたい

100切りレベルのゴルファーの中で、囁《ささや》かれている都市伝説(?)に「ドロー系(フック回転)のボールはよく飛ぶ」というのがあります。これはいったい何でしょうか。

例えば同じ人が、同じドライバーでボールを打ったとき、右にそれていくボール、すなわちスライス系より、左にそれていくボール、すなわちフック系のほうが、よく飛んだ気がするのです。

平均値を取ると、左に曲がったボールのほうがやや飛んでいるでしょうか。まんざら都市伝説は間違っていないのです。ただ、左に飛ぶボールといっても「チーピン」や「引っかけ」はなしですよ。ここで扱う球筋は「ドロー」か「ストレートフック」であり、打ったらすぐ左に行くボールは、ミスと解釈してください。

じゃ、何で左にカーブしていくボールがよく飛ぶのか、その謎を解明しましょう。

昔からドローボールは、風に負けない、飛距離の伸びる、カッコいいボールといわれてきま

した。そのメカニズムを説明しますと、

①ボールがつかまりドロー回転に

俗に「ボールがつかまる」という表現がありますよね。別に本当にボールをつかまえるわけではありません。芯を食ったナイスショットをした場合、パワーロスが少ないのです。つまりパワーが直接ボールに伝わります。ドローボールは、フェースにくっついたまま（あくまでイメージで）、ヘッドの遠心力効果により加速され、フェアウェイに放り投げられる。だから飛ぶのです。

②一方、スライスの場合は

スライスボールの場合は、ドローと違ってパワーロスが目立ち、さほど飛びません。

初心者に多いスイングは、ドライバーを目いっぱい長く持って、飛ばそうと躍起になります。気合十分ですが、現実はインパクト時に「振り負け」あるいは「腰砕け」のスイングになりがちです。結果、ボールをフェースでとらえるのと逆の現象が起き、ボールがずるずるこすれて右に行ってしまう。俗にいう「コスリ球」のスライスボールが出てしまうのです。

理屈は分かったから、じゃ、どうせいというのか？　ドローボールなんて難しくて打てない。そうやってお悩みの諸兄、いい話があるんですよ。

③勝手にドローが出るクラブを使う

そんな便利なクラブがあるのかよ、といいたいでしょうが、そういうクラブは市中に出回っています。それが「フックフェース」のドライバーです。ドライバーのヘッド部分をよく見ると、最初から左を向いているクラブがあるんですね。これぞ伝家の宝刀、フックフェースクラブですって。実際アベレージアマチュア向けクラブは、ほとんどそうなっていますから。

昔、ドローボールを教わっていたころ、師匠が私のドライバーを見てひと言。「いいクラブを持っているね。最初からフェースが左を向いてるよ。これならドローが出るわな」と、クラブを褒めてくださいました。皆さんも、ぜひマネをしてみてください。

打ち方としては、フックフェースを無視して、スクエアにクラブを構え、ストレートボールを打つつもりで振りましょう。あら不思議、奇麗なドローボールが、出るじゃありませんか。えっ、出ない!?　そういう方は、小細工をして調整しましょう。

④他にもあるドローの出し方

ドローボールは、ボールがよくつかまった結果です。じゃ、どうやってボールをつかまえるか。

●短いクラブを使う。あるいは短く持つ

ピッチングでフルショットをした場合、さほどスライスは出ませんよね。それは短いクラブのほうが、ボールのつかまりがよいからです。長いドライバーを目いっぱい長く持って打っていては、決してドローボールは出ません。

●軟らかいシャフトを使う

軟らかいシャフト、例えばRだと、下手の仲間入りみたいで嫌という方もおられましょうが、軟らかいシャフトのほうが、シャフトのしなりを利用して、ドローが出やすいのです。ちなみに私の愛用の高反発クラブのPRGR〈スーパーエッグ〉は、シャフトの硬さがSR。シニア向けなので、Sシャフトは存在しません。それでドロー出まくりです。

●細かい調整

ドローが出やすい立ち方は、なんといってもクローズスタンスです。グリップは、右手を下から握るイメージのストロングで。

とまあ、いろいろ細工はあります。フックフェースのドライバーに加味すれば、「なんちゃってドロー」が打てるかもしれませんよ。

講義 13

距離感の出し方は、結局適当が一番いい

プロでも距離感ぴったりとはなかなかいかないのに、アマチュアはなおさらですよ

◆◆ まずはごまかし方を覚えましょう

今回は、ゴルフにおける距離感のお勉強でございます。100切りレベルでの距離感の出し方ですが、なかなか難しいと思います。ゴルフ中継などを見ていても、170ヤードのショートホールというときに、20ヤードもオーバーしたり、逆にショートする選手もいます。皆さん、下手なわけではないですよ。風向きが変わってフォローになったとか、薄く打ってしまったとか、距離の読み違えをしたとか、いろんな状況の変化があっての距離のミスなのです。

トッププロですら、距離の出し方に手こずっているのに、ましてやわれわれアマチュアレベルでは、いわずもがなです。

じゃ、どうしましょう? ショートホールなど、みんなが見ているとき、打ったらボールの方向を見ながら、「ダウン! ダウン!」と2回絶叫すればいいのです。これは、ミスショットをしたのに、うまく打ったように見える魔法の呪文ということで、米PGAツアーなどで重宝されています。まあ、叫ばなくても、勝手にボールは落ちますけどね。そして、ボールが落

うーん
距離感が
つかめんな
歩測も
難しいし
どうしよう
こんなグリーン
ピート・ダイだって
造らんでしょ！
プロゴルファー猿
じゃないんだから!!

ちたらひと言。目標より手前に落ちた場合は、「いきなりアゲンストになったよ」といえば、この人はナイスショットをしたのに、突風が吹いてアクシデントに見舞われたと思うでしょう。同様にオーバーした場合は、「フォローの突風、ここで吹くか？」みたいにいっておけば、ごまかしが利きます。

「え〜、距離感の出し方を学ぶんじゃないんですか？」って？　はい、そうですよ。「ここからピンまで何ヤードあるか」を読むのが距離感ですよね。でも最近は、光学式や電子式の距離測定器が売り出され、しかも、アマチュアの試合で使ってもいい方向で検討をしてるとか。だからそれを使用して、距離を測ればいいって、身もふたもないなあ。

けど、そういう機器はけっこうな値段になるんですよね。ゴルフ１回分、しかも週末プレー代ぐらいの値段がします。だから自分で買わずに、距離測定器を持っている人とゴルフをすればいいのです。しかもそういう人は、さりげなく自慢したい人が多いので、「僕のもちょっと測ってくれない?」と、丁寧に頼むや否や「お安いご用」と測ってくれます。

これであなたの打つべき、正しい距離は分かりました。問題は、その距離を正しく打てるかどうかです。答えは限りなくノーに近いですね。これがけっこう難しいんですよ。

◆◆乗る前提で考えるな! 2パット前提で考えるな!

距離感を養う前に、俺はこの距離なら打てる、みたいなものをマスターしたほうが、手っ取り早いと思います。

例えば、私の場合だと170〜180ヤードならば、7番ウッドの9割ショットですか。そして160ヤードが4番UT、150ヤードが5番UTと、だいたい決まっています。そして110ヤードが8番UT。だから130ヤードを打つクラブがない。実は8番アイアンで130ヤードぐらい打てますが、昔、シャンクを頻発したので、滅多《めった》に使いません。だから5番UTのスリークォーターショットで130ヤードを打ちますが、そこの加減が難しく、ミス多発です。私にとって鬼門の距離といえます。

要するに、100ヤード以上の距離は、ヤーデージ杭《くい》を参考にして、適当に打てばいいんですよ。そもそも、100ヤード以上は乗る確率が低いのですから。

問題は、30～80ヤードぐらいの距離感の出し方ですか。これがほんと難しくて分からない。しかも、バンカーや池があったりしたら、妙なプレッシャーを感じて、打ち損じてしまいます。例えば、50ヤードのアプローチですが、手前にアゴのきついバンカーがあって、しかもピンが手前にある。50ヤードぴったしで寄るが、40ヤードだったら、バンカーに入るかも。こういう場合は、保険をかけて少し大きめに、60ヤードを打って、とにかくグリーンに乗ればいい、という考えに変えましょう。

見事保険をかけてナイスオン。おかげでピンの奥、20ヤードも先にボールがあるではないか。これでいいんですよ。たとえそこから3パットしても、アゴの高いバンカーにつかまり、バンカー無間《むけん》地獄に陥るよりはなんぼましか。

OBとか池ポチャって、明らかなペナルティですよね。1罰打とかつきます。けど距離の測定ミス、ショットミスは、単にショートしたりオーバーしたりで、別にペナルティにはなりません。精神的なダメージは少ないけれど、気づいたら叩いていると。

現状では、バンカーや池に入れず、林にも打ち込まないなら、測定ミスは大目に見てやりましょう。慣れれば次第に距離感の精度がアップしますから、まずはトラップに引っかからないこと。これが優先課題ですね。

講義 14

芯を食うとは、どういうことか

ヘッドスピード40m/s以下になってしまった100切り先生。飛距離は芯食いで伸ばすしかない

◆◆ 100切り先生と同じ非力ゴルファー必読

ゴルフで、時々ドライバーがクリーンに当たり、思いの外飛んだりすることがありますよね。それを、一般的には「芯を食う」といいます。

ドライバーの飛距離というのは、おおよそ「ヘッドスピード」によって決まります。例えば私も、5年ぐらい前にはヘッドスピード42m/sで、220ヤードぐらい飛びましたが、最近は、寄る年波に勝てず、ヘッドスピードを測定したら、40m/sを切っていました。もちろん飛距離も、今は200ヤード超えがいいところです。

しかし女子プロは、ヘッドスピードが40m/sぐらいでも、ドライバーでおよそ240ヤード飛ばします。それは、かなりの確率で「芯を食っている」からです。

「いいなあ、オレも芯を食いたい」と思う、300万人の非力ゴルファーの皆さま、一緒にリンゴの芯でも食おうじゃありませんか。それは、芯違いだってば〜。

では本題。まず「芯を食う」という概念を理解しましょう。これはトイレに行って、大きい

ほうをした後、何げにシャワートイレのスイッチを入れますよね。時々「う～っ」と、真ん中ストライクで、お湯が肛門さまのド真ん中を直撃することがあります。これが、芯を食う感覚です。なんのこっちゃ。

半分冗談ですが、半分はマジです。

それではゴルフの場合、スイートスポットに当たった感覚はどうでしょうか。個人的な感想ですが、「ボールに当たった感がない」のです。シャワートイレと違い「ウッ！」とか、「そこそこ～」みたいな感覚は皆無。例えば中森明菜風にいうと「素振りじゃないのよ、今のは！」って感じですか。それぐらい当たった感がありません。

私が思うに、ボールに当たった感触がないのは、それだけエネルギーロスが少ないということです。最小のパワーで、最大の飛距離といいますか。だから女子プロは、非力でも芯を食えば、遠くへボールを飛ばすことができるのです。

◆◆スイング軌道は置いといて、取りあえず芯に当てる方法

それでは、われわれができる範囲で、スイートスポットにボールを当てる方法論を解説したいと思います。

まずプロゴルファーとアマチュアゴルファーの、ギアの違いについて少々。プロモデルのスイートスポットは割と小さいです。小さい故に、当たればすごい威力となります。一方、アマチュアのドライバーは、スイートスポットを満遍なく広く取っています。

プロ仕様のクラブのスイートスポットが1円玉の大きさとしたら、アマチュア用は500円玉よりデカいんじゃないかというくらい、難易度の違いを感じます。要するに、あのデカいドライバーの面で、しっかりボールをとらえれば、そこそこ飛ぶのです。

それでは、スイートスポットのとらえ方を順に説明します。

●ティの高さ

ヘッドの真ん中に、ボールを当てるのですから「縦と横」の概念で話を進めます。ボールが高く上がるテンプラや低いトップボール。これはフェースの縦の問題です。ティの高さで調整すれば、なんとかなります。

●ボールがどこに当たっているか確認する

そこそこ飛ぶけど、しっくりこない。たいがいそうですが、そういうときは、フェースのどこにボールが当たっているか、確認しましょう。打った直後に、フェースを見ると、ボールの痕がついていることがあります。それで確認です。ボールの痕が見当たらないときは、練習場でも売っている「シール」を買って、フェースに貼りましょう。さすれば、一目瞭然。まったくド真ん中に当たっていないことが、はっきりしますから。

●シールは実に正直

シールは真実を述べます。自分の思っていた箇所と、全然違うところにボールの痕があり、愕然とします。気を取り直して微調整します。私はネック側にボールが当たりますので、トウ側に当てるようにします。「見た目と実際には誤差が生ずる」、そう理解されたし。

フェースの先に当てる感じで、ちょうど真ん中に当たる。それでいいじゃないですか。見事スイートスポットに当たるようになった。バンザ〜イ、でもスライスは直らないんですけど。それはまた別の問題です。取りあえず「芯を食ったスライスボールが打てた」ってことで、今回はご了承ください。方向性は、また別の機会ですね。

講義 15

2パットで上がるには、どうしたらいいか

歩測って〝ヤード〟とか〝メートル〟を測るんじゃなくて、あくまで〝歩数〟を数えると考えたほうがいいんです

◆◆手っ取り早く3パットをなくす方法

「パットイズマネー」といわれて久しいですが、やはり一番手っ取り早いスコアメイク法はパットです。けど地味だからすぐ飽きて、ドライバーの練習ばかりするんですよね。

今回は基本に戻り、2パットで上がるにはどうしたらいいかを考えます。これは昔からある、非常に大事なゴルフの命題です。それを、私流にアレンジして、アドバイスしたいと思います。

①距離表示の方法

ゴルフにおいて、ショットはヤード表示ですが、パットはメートルでいいますよね。けど◯メートルの距離っていわれてもピンとこないところがあります。大股に歩いた1歩が1ヤードといわれています。それに1割強を足した距離が1メートルって、それがどうしたって感じです。

故にパットにおいては、距離を自分で歩数で数えると便利です。大柄な人が9歩の距離なら、小柄な人にとっては10歩ぐらいの距離になります。他人と比べる必要はないので、あくまで自

分流の歩数で、お好きな数だけ、歩いてください。

②打ちやすい距離を決める

自分の打ちやすい標準距離を決めておくと便利です。私は8歩が基本です。常に8歩の距離を打ってカップ周りにボールが止まるように心がけています。

朝コースに来たら、まずは8歩をパターで打ってみます。コースによってグリーンのスピードが違いますから、それに慣れることから始めます。今日はやたら速いなあ、重いなあ、と体に覚え込ませることが大事です。

よくコースの練習場でカップにスコ〜ンと入れて、ご満悦な方がいますが、それは2歩とか3歩の距離でしょう。それよりも、私にとっての8歩をいかに寄せるかが、2パットで上がるために重要なことです。ひたすら8歩ばっかりをオーケーの距離に寄せてみる。これが、2パットで上がるコツですね。

③長い距離、短い距離

8歩を基準といいましたが、それは7歩でも10歩でも構いません。あくまで自分の好きな2パット圏内ということで決めてください。

さて今度は長い距離です。8歩が基準なら倍にして16歩の距離です。ここまでくると、いちいち16歩を歩いていては、ひんしゅくを買います。16歩のちょうど真ん中まで歩いて、前後を見て同じ距離が残っているなら、8の倍で16歩と考えてください。

16歩のパターでオーケーの距離に寄せられたら、うれしいですよね。でも現実はなかなか難しいです。そこは余裕があったら練習しましょう。

それよりも1歩か2歩の距離のパット。なんとしても入れたい距離です。基本は真っすぐに打ってみて、パターのフェースを開いたり、押し出したりしてないか、調整しましょう。緊張しないとスコスコ入るのですが、いざ本番だと、手が萎縮して、ショートすることも。本番のつもりで、「これが3000万円のツアーの優勝パットだ」と自分に言い聞かせて打つのもありですね。

④オーケーのもらえる距離に

8歩の一番大事なパターの打ち方ですが、「入れにいく」みたいなパットはやめましょう。どうせ入りませんから。それよりも、強気で打って、返しが3歩ぐらい残ったら、地獄ですよ。

これこそ3パットショーの始まりとなり、どんどん連鎖していきますから。
8歩のパターは「入れる」じゃなくて「寄せる」ですから、そこを間違わないでください。

⑤平均パット数とは

平均パットの数え方はプロとアマではだいぶ違ってきます。プロはパーオンしたときのパット数の平均を計算して、平均パット数となります。皆さんプロですから、1・8とかそんな数字が平均パット数となります。

われわれはプロみたいな数え方をしたらデータが出ません。なにしろパーオンが極端に少ないですから。アマチュアは、単純にパットした数の「総パット数」で結構です。

全部のホールを2パットで上がると、総パット数は36となります。

ここで面白いデータがあります。スコア100程度の人の総パット数が、36前後ということです。つまり36パット以下で上がれば、100切りも十分できると。それには3パットは少なくして、たまには寄せワンを決めて、1パットで上がることを心がけましょう。

ちなみにカラーやフェアウェイからパターを打っても、パット数には入れません。パット数は増えませんから、グリーン周りも確実なパターで転がしましょうよ。

講義 16

練習場でちゃんと飛ぶのに、本番で曲がって叩くのはなぜ？

〝練習場シングル〟というありがたくないあだ名を頂戴しているアナタ、必読です

誰でも練習場じゃそこそこ当たるのにね

今回は俗にいわれている〝練習場シングル〟という人々の、栄光と挫折を書いてみたいと思います。

私も含め、皆さんも、練習場で栄光もないのですがね。

けどコースに行くと全然ダメという、練習場じゃそこそこ当たり、ボールもさほど曲がらないでしょう。それは環境の違いや、プレッシャーなどさまざまな要因が重なり、本番で叩いてしまうのです。

あの元賞金王の石川遼選手だって、謎の現象に悩まされることがあるんですよ。

あの元賞金王の石川遼選手だって、5週連続で予選落ちです（2017年秋）。昔は世界の強豪と並ぶ3R（リッキー・ファウラー、ロリー・マキロイ、リョウ・イシカワ）と、いわれていたのにですよ。でも、三井住友VISA太平洋マスターズで予選落ちをした当日、一人黙々と練習をしていた姿を知り合いが見ていました。多分この人は、復活するだろうなと。

そしたらダンロップフェニックスで、27位タイフィニッシュと聞いて、ひと安心しました。カシオワールドオープンは、さらに2位タイですから、完全に復調しましたね。

とまあ石川選手ですら、調子が悪いときは、なんぼ練習しても予選落ちするのです。アマチュアなら、なおさら気にしないことです。しかも、１００切りレベルでは、まず予選のあるような試合に出ませんし、出られませんからご心配なく。

それでは、もう少し理論的＆科学的に練習場とコースの違いを述べてみたいと思います。

何でコースでミスるか 100切り先生の分析は？

●曲がるドライバーの謎

練習場じゃイイ子ちゃんのクラブなのに、コースでは大暴れすることがよくあります。特にドライバーがね。飛距離の出るクラブは、ちょっとズレても、最終的には大きく曲がってしまう。結果ＯＢなどになり、このドライバーは使えないとなるのですが、ちょっと待ってください。使えないのは、自分自身だと思ったことはないですか。

問題は自分の打ち方にある、と解釈したほうがいいです。ドライバーなど、ウッド系はマン振りしてしまうクラブですよね。ドライバーをまず練習場で筆下ろししたとします。最初は様子見ですから8〜9割ぐらいのパワーで打ちます。うん、これはいい。なかなかいい仕事をするなと。じゃあコースで使ってみよう。ここで10割のパワーで打つのですが、実は知らず知らずに気合が入って、12割ぐらいのパワーで打ってしまっている。8割が、結果12割と恐ろしいパワーで振るわけです。特に軟らかめのシャフトだと、ひとたまりもありません。曲がって当然の結果となります。

コースでボールが曲がる人は、硬めのシャフトを装着するか、マン振りをしないことです。練習場で最初からマン振りで臨むという考えもありますが、これはロクな球が出ないのでやめましょう。

●シャンクは、それが出たら終わり

スティーブン・キング原作のホラー映画『IT／イット』見ましたか？　怖いですね〜「〝それ〟が見えたら終わり」って、アマチュアゴルフ界にも、怖い妖怪がいて、それが出たら終わりです。その名は、ずばり「シャンク」です。

シャンクは出ないように、出ないようにと思って意識していると、本当に出たり、あるいは同伴プレーヤーがシャンクをしたら、忘れていたシャンク病が発症したりと、厄介な存在です。マジでホラー映画並みに、怪しく登場してきますよ。

シャンクはボールがネック部分に当たると出ますが、ラウンド中、矯正するのは至難の業です。だから出たら終わりなのです。

その日は諦めて、後日練習するしかありませんが、それがね、なかなか直らない。練習場じゃ、また普通のボールが打てるのに、コースに行くと出る。個人的には、あまりアイアンを打たないようにしていますって、解決策になっておりませぬなあ。

●ゴルフシューズは練習場でも履くべし

ゴルフ練習場でゴルフシューズを履いて練習していますか？　そのゴルフシューズの底を見てください。案外ヒール部分が高いことに気づきませんか。それに引き換え、あなたの履いているスニーカーのソールの低いこと。

つまり練習場でスニーカーを履いて打ち、いざコースでゴルフシューズを履いて打つと、ヒールが高くなりミスしやすくなるのです。

普通にクラブを構えて、カカトを上げてみてください。ほらヘッドが前に出るでしょ。その誤差が生じてミスるというわけです。特に平らで硬いティグラウンドやグリーンで影響が出ます。フェアウェイやラフでは靴底が沈むので案外大丈夫です。

些細《ささい》なことと思われるでしょうが、その些細なことでおかしくなるのがゴルフ、なんですね。

講義 17

冬の枯れ芝のアプローチ方法とは？

枯れ芝でのアプローチ。転がしを選択するなら中途半端な番手選びは禁物

◆◆ ラフにボールが行ったらむしろラッキー!?

先日、大寒波真っただ中にゴルフをしました。宮城県生まれ故、寒さには耐えられます。けど、老化によって動きが鈍くなり、そっちの対応がしんどいです。いちいち防寒用の手袋をはめたり外したり、打つたびにニット帽の耳の部分をずらしたり。細かい動きがキビキビとできないのです。しまいには、面倒くさいからって耳を出してプレーしていたら、赤くなって、やたらかゆいのです。霜焼け用に、オロナイン軟膏《なんこう》を塗りますかね。

そんなわけで、苦戦した冬のゴルフについて、述べたいと思います。ボールはほんと飛ばなかったです。でも凍っている箇所が多いので、グリーン手前でも転がってくれて、ラッキーに乗ったりもしました。問題は、やはりアプローチですか。とにかくボールを上げづらい。どうしたらいいでしょうか。100切りゴルファーのために、編み出した戦略があるので、参考にしてみてください。

①7番アイアンやUTでの転がし

冬場のアプローチは、何といっても転がしが基本です。しかし、実際にPWや9番アイアンで転がしても、難しい場合があります。

SWで高く上げるボールを断念し、譲って9番で転がしたのに、トップして向かいのバンカーへ。これはキャバクラで「美人は口説けないから諦め、ごく普通のヘルプ嬢を狙ったら、コテンパンに振られたケース」に似ています。じゃ、どうするか? いっそすごくかわいくないコを狙って、そっちの話じゃない。アプローチです。冬場は7番アイアンやUTで転がすのもありです。

ロフトの立っているクラブは、何がいいか? それは「振り幅が小さい」ことです。PWで30ヤードを転がすとなると、それなりにクラブを振らないといけません。時計の針でいうと4時から8時のイメージですか。これがUTだと、ちょこんと打つ感じで、時計の針なら5時〜7時未満で打てて、ミスを減らせます。

じゃ、同じ転がしなら、ミスが少ないパターがいいという意見もありますが、枯れ芝とはいえ、ラフではパターだとボールが止まりがちです。

パターが「ころころ」転がるイメージなら、UTは「ころんころん」ですか。ちょっとしたラフやくぼみは、スピードが落ちることなく転がってくれます。あとは個人差の問題なので、時間のあるとき、UT転がしや7番アイアン転がしを練習しておきましょう。

②その日最初のアプローチが大事

逆に、果敢にボールを上げようとするチャレンジャーの方は、慎重さが重要です。具体的にどうするか。最初のアプローチでボールを上げてみるならば、目の前の花道が開けている状態が望ましいです。さすれば失敗しても、バンカーに入ることはほぼないわけですから。つまりプレッシャーをあまりかけずに、失敗してもさほど痛くない状況を作るべきです。

もしも最初から目の前に大きなバンカーがあり、越えて打たねばならないときはどうするか？　こういうときは保険をかけ、チャックリしにくくボールも程よく上がる、PWで大きめに打つのもありです。もちろん、グリーンの後方の安全を確認してからですけど。

③ウェッジは、刃が薄いほうが打ちやすい

個人的な感想ですが、ウェッジの刃の部分（リーディングエッジ）が薄いと、ボールと薄い芝の隙間に、刃が入りやすく感じます。つまり、ボールは上がりやすいと。以前、アベレージ用の簡単なウェッジを使っていたのですが、それは刃が厚かったです。タラコ唇みたいな形状だったので、ボールの下に刃が入らず、ブチューとボールに衝突するイメージですかね。当然、トップボールやザックリばかりでした。

冬場のアプローチでは、「簡単なウェッジほど難しい」という、逆説的な答えが出る場合があります。あとは、実際に自分で何本か打って、試すしかないですね。

④ラフのほうが打ちやすい

これも逆説になりますか(笑)。でも実際に冬の芝は枯れていますから、ラフがちょうど夏のフェアウェイって感じです。フェアウェイは薄いですから、見るからに打ちづらいです。じゃ、グリーン周りは最初からラフを狙って打てばいいって、いつものことじゃん。ここは発想を変えて、ラフにボールが行ったら、ラッキーと思って打ちましょう。

⑤素振りは丁寧にしつこく

とにかく、ボールが上がるかどうか疑心暗鬼ですから、素振りの段階でイメージを出して、何度も振ってみる。このしつこさが、大叩きを未然に防ぎます。ゴルフは5時間以上かけて、実際のショットは100回程度でしょ。だから1回のショットを念入りに準備していいんですよ。

講義 18

大谷選手のノーステップ打法は、ゴルフに適用できる

安定感重視のスイングでも、ホームラン連発の大谷翔平にゴルフスイングのヒントを見た！

◆◆当たらなかったら左右ベタ足を試すべし

エンゼルスの大谷翔平選手が、メジャーリーグで大活躍しましたが、彼の打法をゴルフに応用できないだろうか。そう思い、彼の打法を考察してみます。

2018年、大谷選手はオープン戦での成績が、振るいませんでした。そこで改良を行います。タイミングを計る右足を上げずに、ツマ先を地面につけたまま打つ「ノーステップ打法」に変えました。これは、右足をいちいち上げていたら、タイミングを取る時間というか、間合いがなくなるからです。メジャーのピッチャーのボールは速く、しかも投球ペースもハイピッチです。そういう部分を考慮して実践したら、ホームラン連発の、一時は打率3割超えまでに成長したのです。

このノーステップ打法、まんまゴルフに使えます。実は100切りレベルのゴルファーは、トップで左足カカト（大谷選手は左打ちだから右足）を上げて、打っている人がけっこう多いのです。

左足を上げて打つと、体が左右、あるいは上下に揺れ、ギッコンバッタンとなります。ゴルフの場合、ツマ先を地面につけ、カカトを上げただけでも体が揺れやすくスエーします。結果、チョロやダフリ、引っかけとなり、いいことはありません。

昔、はやっていた2軸打法というのがあって、それこそ、左右にブレまくりつつも、そのオーバーアクションな体重移動を利用してぶっ飛ばしていました。2軸打法やオーバースイング、あるいは1本足打法、この類いは、ボールがちゃんと当たれば問題ないのです。けどアマチュアには、なかなかどうして。

というわけで、体がブレて当たらない人に対し、「左右ベタ足で打ってみろ」と進言します。いわれた側は、「当たるけど、スイングした気がしない」と減らず口を叩きますが、「チョロよりはいいだろ」というと、しぶしぶ応じたりもします。

ベタ足で打つと、がぜん安定度は増します。多くの方は、当たったと喜びますが、その後に必ず「あまり飛んでいない」というのです。「何をいっておるのじゃ、このバカチンが〜」って、武田鉄矢ですか。そもそもドライバー以外は、飛ばすクラブじゃないのです。ドライバーは、ちょっとオーバースイングしても、ヘッドがデカく、ティアップして打つので、そこそこ当たります。他のクラブは、1番手長いクラブを持って、ベタ足で打てばいい。ただそれだけです。

坂田信弘プロも「ジャイロ打法」といって、両足の間隔を狭めて打つ方法を提唱していますよね。あれも、理論は似ています。当たらなくなったら、直立して打てば、なんとかボールは前に進むというわけです。

どうです。大谷選手のノーステップ打法からの、ベタ足ゴルフ、一度考えてみてはいかがでしょう。

◆◆毎打席変わらないルーティンも取り入れたい

あと大谷選手の行動で参考にしたいのは、いつも決まっているルーティンです。バッターボックスに立つときは、審判にオジギをして、それから、足元の砂を足で払いのけて、右足の靴をバットでコツンと叩きます。別に靴の泥を払っているわけではないです。これは一定の動きをした結果に得られる、精神的な安定とでもいうのでしょうか。科学的かといえば、半分ぐらいかなあ。それで心が休まるなら、十分効果ありです。

個人的な作法では、ティグラウンド後方からティに近づき、ドライバーを真っすぐ前へ突き出し、方向を取ります。これは特に、前の組が遅くて、待たされたときなどに効果的です。つまり「早く前のカート動け」とイライラしながら待っていて、視界が開けていきなり打つと、必ずといっていいほどミスをします。これは俗にいう「待ち疲れ」です。

それを解消するには、なんぼ待たされても、今し方ティグラウンドに来たようなそぶりで、10歩ほど歩いて、方向を取ってから打つのがよろしいです。

私の構えてからのルーティンは、1回素振りをして、それからハーフショット気味のワッグルを2回やって打ちます。

素振りの多くは、肩を回すことも大事ですが、振り急がないように心がけています。ルーティンはあくまで、自分が気持ちよくショットをするための作法です。リズムを取るうえで大事ですから、何かおまじないみたいなものでも、いいのです。

昔、小池一夫先生の漫画『新上《あが》ってなンボ!! 太一よ泣くな』では、川端太一が「羅綾《らりょう》」というボールを打つとき、奇妙な踊りをしましたね。あそこまでは、やらんでいいと思います。取りあえず、大谷選手みたいに、オジギをしてスパイクを叩いておきますかね。

フォアー　ーッ！
ゴルフの醍醐味《だいごみ》は飛距離じゃーーッ!!

第3章

ギア編

講義 19

グリップは100回打って、マメができなければ大丈夫

夕日に染まる河川敷、最初にプロに習ったグリップは悲惨な記憶とともに思い出される

グリップ3年、寄せ5年、打ち一生

今回はクラブのグリップ、特に握り方のお話です。何でいまさら、こんな話をするのか？それはですね、人に何かを伝えたり、教えたりするのは難しいことを理解してほしいからです。ゴルフを覚えたてのころ、グリップをどう握ったらいいか、ニュアンスが分からず、適当に握ってクラブを振り、何回もマメをこさえました。レッスンプロが懇切丁寧に教えているのに、理解できていない。われながら情けないものです。

そう考えますと、雑誌でレッスン記事を掲載しても、どれだけ読者の方に理解されているか甚だ疑問です。ちなみに以前、ゴルフ雑誌のレッスン記事の読者調査をしたことがあります。連続写真やイラストで、テークバックはこうしろと書いている記事を見て、実践している読者を探しました。それがけっこういたんですよ。しかも、皆さんシングルレベルの上手な方が多かった。つまりうまい人は、ちょっとしたヒントで、すべてを理解できるんだなと。

逆に考えると、100切りレベルの人は、雑誌のレッスン記事を自分なりに理解されている

ようですが、実践となるとなかなか難しいようです。何しろ生身の人間が教えても、学習できないのですから、記事の拾い読みでは、習熟度が低くなる。

そんなわけで、グリップの話です。ゴルフは「グリップに始まり、グリップに終わる」ともいわれています。実際、覚えるまでに時間がかかります。うなぎ屋の修業は「串打ち3年、裂き8年、焼き一生」といわれていますが、ゴルフも「グリップ3年、寄せ5年、打ち一生」といわれてますって、私がいってるのですが、それぐらい難しいのです。

ちなみに私のグリップ遍歴を書きますと、ゴルフを覚えて1年目ぐらいに雑誌企画でプロに教わりました。先生は船渡川育宏《やすひろ》プロ、場所はノーザンCC錦ヶ原ゴルフ場の夕方。何ではっきり覚えているかというと、すごく悲惨だったからです。まず数を打ってみろといわれてバカスカ打つと、右人さし指のマメが破れて血まみれに。もう打てませんと半ベソ状態になったら、船渡川プロが「そろそろ、いいだろう。じゃ次は土管を背負って」っていうのです。そして後ろを振り向くと、なぜか塩ビ土管が置いてあるし。疲れたころに土管を背負って上半身を回すとリキミが取れて、いいあんばいにスイングを覚えるというのです。これって『巨人の星』で伴宙太が、逆立ちをして腕を疲労させ、その力の入らないスイングで大リーグボール3号を打ったのと同じ理論じゃないですか。もう船渡川プロが星一徹に見えて仕方なかったです。

◆◆マメがつぶれない程度に練習しよう

散々な目に遭ってからも、多めに練習すると右人さし指にマメができる始末。人さし指にマメができること自体、正しいグリップではありませんよね。結局、グリップのニュアンスが分からず、市販のグリップ棒を買って正しいグリップ感覚を養いました。人さし指にマメができなくなったのは、ゴルフを始めて3年ぐらいでしたか。冗談でいっていたグリップ3年説は本当だったのです。

今ごろベテラン読者に、グリップを語っても仕方ないですが、答えとしては、100回ぐらい打って手にマメができなければ、どんな握り方でもいいです。もしマメができたとしても、手のひらのツケ根辺りにやんわりですよ。練習を激しくすれば、マメが破れることもあります。

大谷翔平選手でもマメが破れるのですから、正しい位置でのマメの破れは仕方ないことです。ですが、親指や人さし指にマメができるのは論外です。私は手のひらにマメの跡、すなわちタコがありますが、つぶれることはないです。だってそれほど練習しませんから。100切り先生的には、「マメがつぶれるまで練習しちゃあかん」、そういうことです。

最後になりましたが、グリップの握り方で悩んでいる方は、いっそのことベースボールグリップにしてみてはどうでしょう。野球のバットと同じように握るだけですから簡単です。問題としては、飛距離が人によっては通常のグリップより1割弱落ちる場合があります。ベースボールグリップのクラチャンに会ったことがあるのですが、飛距離問題以外は、マイナス部分はないといってました。最近話題の某ゴルフ漫画の女性主人公もベースボールグリップです。案外、ベースボールグリップが再評価されるときが来ているのかもしれません。グリップを覚えるのに、たった1日で済みますからね。

講義 20

デカサンド万歳なのだ

「サンドウェッジ」って名前なのに、小細工しなきゃ出ないって何かおかしくないですか？

◆◆ジーン・サラゼンにひと言いってやりたい

私のゴルフの歴史は、バンカーとの戦いでした。もちろん、シャンクやダフリや突発性便意にも直面しましたが、すさまじかったのは、バンカーの無間地獄でした。ショートホールで17打という記録が残っています。最初にバンカーにつかまったときは、アゴがきついながらもダメモトで打ちました。もう少しで出そうでしたが戻ってしまい、今度は自分の靴跡にボールが。「こういうの苦手なんだよ」といってるうちに、穴掘りマシン化して、せっせと打数を稼ぎ、気づくと友達に「17だよ」といわれてわれに返った次第。もう10ぐらいから、スコアは覚えてないです。

というわけで、バンカーは今も苦手です。

何が嫌かって、サンドウェッジがバンカー用という割には、フェースを開いて打てというし。矛盾してませんか？ まず、その「開いて」がよく分からない。高校1年の数学で、サイン・コサインが理解できずに赤点ギリギリだったこと。それぐらい「フェース開いて」が理解でき

てないし、やる気も起きないです。バンカー用なら、いっそアジやサバのように開いた状態で売ってほしい。だったら開く手間が省けるってものです。

愚痴っぽくなりましたが、悩んでいるのは私だけではありません。以前、コンペで一緒になった元巨人軍のHさん、彼の大胆なバンカーショットを見学させてもらいました。元野球選手だから、ものすごく力がある。しかも、あまり上手ではない。バンカーにボールが入ったとき「これどう打つの?」と聞くや、「フェースを開いて」と友人がいいます。「そうか」といって、フェースをすごく開きました。そこから渾《こん》身《しん》の力でショット、バ〜ンと牛の糞《ふん》ほど、山盛りの砂がはじけ飛ぶ。けどボールは、前進数センチ。ヘッドスピードが速すぎて、クラブが砂の中をくぐり抜けたのでしょう。実に見事なダルマ落としでした。そういう姿を見るにつけ、従来のバンカーショットはレベルが高すぎ、疑問を感じます。

というわけで、自己流でバンカーショットを開発しました。まず前提は「生涯フェースを開かず、直打《じか》ちする」です。案外普通に打っても、バンカーショットができる、これには驚きですよ。

◆◆もらったはいいけど物置きに眠ってたヤツが！

ただ、これでは状況の変化に対応できません。バンカーには「硬い砂」と「軟らかい砂」があります。硬い砂は、雨上がりで締まっていたり、砂がなくなっていたりします。そういう場合は、バンスの小さい、ソールの出っ張りが少ないクラブで打つべし。砂の跳ね返りでちょうどよくボールが出ます。バンスが大きいと跳ね返りがひどく、ホームランになることが多いです。

逆に軟らかい砂は、跳ね返りがなく、砂にフェースが潜る傾向があります。そこでバンスの大きい、私のは14度ですが、それで直打ちして、潜るのを防ぐのです。

つまりフェースを開いて打つ加減ができないから、代わりに「ウェッジ2本で、バンス調整して、砂質に対応する」作戦に出たのです。そして、ライが悪くて打てない場合は、アンプレヤブル宣言をして、砂の状態がいいところから打ち直します。そのほうが大叩きを未然に防げますからね。

次に問題なのが、バンカーショットの飛距離の出し方です。これはSWよりでかいクラブ、AWとかいわずに、PWや9番アイアンで適当に打ちます。それで50ヤードぐらいは稼げるようになりました。

これでSWの考案者、ジーン・サラゼンも敗れたりと思うでしょう。どっこい、ふかふかの砂で、バンス角14度のウェッジで打っても出ないことがしばしば起きました。何でかな～と思ったのですが、最近ゴルフ場が経営努力をして、かなり上質な重い砂を置くようになったのです。バンカーに入ると、靴が即座に埋まってしまう。こういう砂には、なかなか対処できません。

そう思って悩んでいたら、うちのクラブ置き場で、見慣れないへんてこなSWを発見しました。コンペの景品でもらった、俗にいうデカサンドです。バンス部分が極端にでかく、エイリアンの後頭部のようになっています。見るからに下手なやつが持ってそう。でも、何か使えそうな予感が。試しにとコースで打ったら、大活躍するじゃありませんか。今までのバンカーショットの苦労は何だったの？　単に振り下ろすだけで、こんなにバンカーからボールが出るなんて。

どうせみんな見栄を張って、そういうのを使いませんから、今が絶好の購入チャンス。今なら5800円を300本限定で提供って、それってただの、通信販売じゃん。教訓としては、「安物買いでのスコアアップは、案外あるぞ」、そういうことですね。

講義 21

好きなクラブと使いこなせるクラブの違い

ハイスペックな新規メンバーで新陳代謝を図りつつ、古株も重用。そんなAKB的バランス感覚が大事

◆「好き」と「使える」は別。謙虚に現実を受け止めよ

「好きこそ物の上手なれ」という言葉があるように、好きなクラブを好きなだけ使って、ラウンドしたほうが盛り上がりますし、スコアもアップします。

それでは、好きなクラブとは何でしょうか。六本木の高級クラブで登場してくるお姉さんは全部美人、故に全員好きですが、特別に深い関係にはなれません。

それと同様、人気のクラブ、特にマッスル系はぜひ使ってみたいですよね。それは好きという感情です。けど、実際使いこなせるかは、はなはだ疑問です。

「好き」と「使える」は別。謙虚に現実を受け止め、使いこなし方を勉強しましょう。

①好きなクラブは、使いこなせてなんぼ

実際に自分のよく使っているクラブは、簡単なバージョンが多いです。100切りレベルの腕前だと、メーカーの2番手ブランドや、5年前ぐらいの中古クラブなどがいい仕事をします。さりとて新しいクラブも欲しい。そこの兼ね合いが大事です。

現在使っている14本のクラブの中で、今年発売のクラブが2本あります。あと、ここ1〜2年に発売されたクラブが3本。残りは全部中古で、10年前のクラブもあります。

自分で使って、しっくりくるクラブなら、それでいいんじゃないですか。新しいものが必ずベストとは限りません。

要するにAKB48のメンバーと一緒です。さっさと引退するメンバーもいれば、10年在籍しているコもいて、最近加入したコもいる。この新旧のせめぎ合いが、チームとして素晴らしいハーモニーを奏でるのです。あなたも自分の好きな「推しクラブ」を見つけて、せっせと応援しましょう。

②買ったクラブの満足度は約33%

盛んに宣伝されている、アスリート系のクラブを使いこなしたいという気持ちは分かります。けどいろいろ試して、毎回コースで打ってみたけれど、いい結果を残せない。そういうことがけっこうあります。

今は仕事柄、クラブを何本も試打できる環境です。まだ自分でショップに通っていた時代、ゴルフクラブは3本買って、1本当たればよいほうでした。一応試打をして、練習場でも打つんですよ。けど実際、3本買えば2本はハズレだったのです。

いかに自分の見る目がないか。最初は「すげえ、これで毎回80台だ」と思うんですけどね。コースに連れていくや、ほとんど「借りてきた猫」状態に。猫はゴルフ場じゃ役に立ちませんよね。

ですから、1回目の出合いで相性抜群というクラブは、なかなかないです。今使っているPRGRの〈スーパーエッグドライバー〉はドンピシャだったのですが、実際は6本の試打クラブから吟味したわけで、それぐらいサンプルがないとダメです。

今は気軽に試打ができる時代です。何回も試して打ち慣れてから購入しましょう。いやほんと、キャバクラも、無料お試しとかないですかね。そういうことか?

③使いこなせたら、たくさん仕事をさせよう

現在160ヤード飛ぶ4番のUTがお気に入りで、使っています。150~170ヤードぐらいは、そのクラブを使います。慣れない7番ウッドで170ヤードを飛ばそうと思うより、慣れたクラブをマン振りしたほうがミスの確率は減ります。

つまり、お気に入りクラブは出番が非常に多いので、ますます腕に磨きがかかる。しかも、

余裕で多彩な打ち方を覚えるから、長い距離をカバーできる。つまり全盛期のイチローが一人でライトとセンターの守備をする。そんな感じですか。

④いろいろ試さないと

最近パターが絶好調で、長い距離も入るようになりました。何をしたかというと、マグレガーのボビーグレースというパターが古くなったので、グリップ交換をしたのです。ついでにと、はやりの太めにしたら、それが非常にいいあんばいです。

打ち方の試行錯誤も大事です。グリップを短く持ったり、さらにフックやウィークの握り方を試したり、スタンスもクローズかオープンか、調整しないと。クラブには必ずヒットポイントがあります。そこにガツンと出合えたら、ラッキーですね。

というわけで、あなたは大奥遊びに行く徳川の将軍になった気持ちになりましょう。14人の愛人がいて、今宵は誰と夜伽《よとぎ》をしようか。そう思うとぞくぞくするでしょ。大奥ではもめ事をしたくないので、順番を決めて愛しましょう。クラブも同様、使用順位を決めておけば、ここぞというときに、すごく役立ちますぞ。

講義 22

パター多用のゴルフを考える

100切り先生はピンまで40ヤードのフェアウェイからパターでいけます、ホントです

◆◆当たり前だけどパターに大曲がりなし

ゴルフクラブの使用頻度を考えますと、一番使うクラブはパターになります。各ホール2パットと計算しても、36回はパターのお世話になります。「俺はPWで、よくミスをするから、PWの使用頻度が高い」という方もいると思いますが、例外は多々あると理解されたし。

そのパター、かなり確実性の高いクラブといえます。だって、スライスやフックのような、曲がった球は出ませんから。その代わり、グリーンの傾斜で左右にブレる。狙いとしては、ボールの曲がりを想定して真っすぐ打てばいいだけです。しかも、ダフリやチャックリは、ほとんどないです。

「パターは大きなミスが少ないクラブ」

そう理解しましょう。しかも、トッププロの愛用品と寸分たがわぬモデルを使えるのは、パターのみです。ドライバーなんて、ブランドだけ一緒でスペックは別物ですから。

そんなわけで、パターが一番頻繁に使うクラブなら、もっと多方面に有効活用してはいかが

でしょう。例えばカラーやフェアウェイから、ピッチエンドランの代わりに使うとか。グリーン周りからウェッジで上手に寄せられるのは、シングルクラスの人です。100切り先生的には、パターのほうが確実でしょう。ウェッジで打ってトップをして、グリーン周りで往復ビンタするとか、そういうことが、よくありますからね。

じゃ、そのパターの寄せ、どんな場面で使えるでしょうか。まず距離ですが、30ヤードまでは大丈夫です。40ヤードでも自分はイケますが、それは慣れ次第です。ですから練習グリーンの外から向こうの端まで使ってパターをあらかじめ打っておくのは非常に大事です。混んでいるとき、長いパターを外から打つと、他のお客さんに、ぶっ飛ばされますから、そこは注意です。

実際のラウンドで問題となるのは、ピン手前30～40ヤード上のライです。ボールがフェアウェイにあり、平らでフカフカしていれば、今までどおりPWやSWで寄せればいい。けど芝が薄い、くぼんでいる、左足上がりの傾斜がきつい砲台グリーンのときは、チャックリやトップしがちなので、パターをお勧めします。

◆◆1ラウンド2～3回はパターで寄せる場面あり

通常のラウンドで、パターで打ったほうがよい場面に遭遇するのは、1ラウンドで2～3回ありますかね。一度もパターでアプローチしなかったラウンドは、非常に少ないです。

続いて距離感の出し方です。フェアウェイではボールの勢いがロスされるから強めに、といいますが、どうでしょうか？　グリーンの外から30ヤード以上のパターを打つと、初速の勢いがけっこうあるので、思ったより距離はロスされません。これも経験上の話ですから、自分で確かめてみるとよろしいです。

今度は距離の短い、フェアウェイからのパターの打ち方を考えましょう。距離の短いパターは、さすがにフェアウェイで「食われる」という現象が起きます。例えばピンまで15ヤード、うちフェアウェイ部分が5ヤードとします。対処としてはフェアウェイの5ヤード分のロスを加味して、5ヤード強めに。結果、15ヤードを20ヤードと想定して打ってみます。あとは、思ったより速いなとか、逆目がきついなとか、そういう情報を入れて、アレンジして打つのがよろしいと思います。

結局のところ、すごく簡単なギアなのに、日ごろ練習グリーンの上で、上品なパター練習ばかりしているから、データが取れていないのです。

ほかにも使える状況としては、林に入って横に出すときですか。林に行ったらベアグラウンドという状況がありますよね。こういうとき、40ヤードさえ打てばフェアウェイに出せるなら、パターでもいいんです。

少し前ですが、ショートコースで打ち下ろしの40ヤードを、冗談でパターでティショットしたら、見事乗ってパーを取りました。昔、ゴルフの達人にレッスンを受けていたときは、ショートコースをパター1本でラウンドさせられたことがあります。これが案外飛ぶんです。ティアップして打つと、60～70ヤード転がりますから。そこから刻んで寄せてと、さまざまな創意工夫を自分でするわけで、非常に勉強になりました。

パターの打ち方ですが、自分で打ちやすい方法でなさると、よろしいかなと。以前、短尺パターがはやって、やってみたのですが、毎回体幹に意識を集中させて打つと、すごく疲れました。最後はヘロヘロで、ただの猫背打ちになって、何にもいいことがなかったです。100切り先生的には、「パターで疲れては意味がない。好きに打って結構」ということですね。

講義 23

7番アイアンをめぐる冒険

アイアンはもっぱら8番以下を愛用する100切り先生でさえ、昔つき合った7番を見限れない

出番はさほどなくても「お役御免」とはいえない

「ゴルフ人生は7番アイアンに始まり、7番アイアンに終わる」なんてことを、今回述べたいと思います。7番アイアンは、ゴルフを覚えたてのときに一生懸命練習し、ある程度熟練したら、基本に戻るべく、再度練習をします。常に7番アイアンが、そばにいるような気がします。

アイアンの飛距離は、7番でどれだけ飛ぶかが、バロメーターでした。7番で150ヤードを打てて一人前説があり、やっとこマン振りして150ヤードを、乗っけたものです。

そしてオヤジ世代になり、7番アイアンの飛距離は衰え、「140ヤードか〜」なんていってますが、実際は135ヤードがいいところ。今や150ヤードなんて、UTを使わないと乗らない状況となり、以前より7番アイアンの使用頻度も減ったのです。

7番アイアン不要説すら出ています。現在、もっぱら8番アイアンを愛用で、さほど7番アイアンを使っていません。これにはちょっとカラクリがあるので、順に説明します。

7番アイアンは、昔つき合っていた愛人みたいなものでしょうか。もう20年のつき合いだか

ら、お役御免だね。そう思っていた矢先、近年はやりの「飛び系アイアン」を試してビックリ仰天。宣伝では「2番手違う飛び」といってますが、実感では「1・5番手」ぐらいかなあ。でも確実に飛んでました。クラブの長さが、従来の5番アイアンぐらいあって、これは反則じゃないか。でも使い心地というか、打った感触は7番アイアンぐらい簡単で、しかも、ちゃんと7番アイアンのボールの高さを、維持しているから驚きです。

というわけで、現在145ヤードぐらいを、飛び系アイアンの8番に仕事を任せて、すごく重宝してます。個人的には、150ヤード以上はUTを使っているので、7番アイアンの出番はさほどないのです。

7番アイアンには最後のプライドが宿る

それでは、なぜ7番アイアンを覚えろ、というのでしょうか。それはちょうどショートアイアンとミドルアイアンの中間的なポジションで、どちらの性質も持ち合わせているからです。コントロール性、ボールの高さ、そしてボールのスピードと、いろんな要素を計測するのに都合がいいのです。

そして7番アイアンを正確に打てるなら、6番、5番と番手を上げて、アイアン技巧派の道を進みます。グリーン目がけて、高い球で上からドスンと落とすボールが打てて、かなりの戦力になりますね。

一方、7番アイアンをマン振りすると、曲がったりシャンクをしたりと、問題が発生することも。それは私ですが、そういうアイアン苦手派は、決してマン振りしない打ち方にして、どちらかというとショートアイアン的打法で、グリーンを攻略します。

故に150ヤード以上はUTでグリーンを狙い、ショートアイアンはスリークォーターで打つのが主です。100ヤードを8番アイアンで軽く打って乗せるのが、私の打ち方。80ヤードはPWですかね。グリーンではボールはさほど止まらず、やや転がりますが、基本は手前から転がしですから、さほど苦になりません。

というわけで7番アイアンは、アイアン強振派か、ゆったりアプローチ派かに分かれる分水嶺《れい》みたいな役割を果たしています。まあ、マン振りもソフトアプローチも両方得意という方は、問題ないですけどね。

ただ100切りレベルのゴルファーは、もはやミドルアイアンはいらないと思います。5番アイアンは、そもそも打てないでしょう。6番も抜いちゃって構わない。男の最低限のプライドとして、7番アイアンですか。

というわけで、ゴルフ人生の最初と最後は7番アイアンになる説は、あながちウソじゃありませんぞ。

そもそも7番アイアンが基準だと、日本の試打アイアンが7番ばかりだから好都合なんですね。新しいクラブを打たせてよというと、必ず7番アイアンが出てきます。何度か仕事でアイアンの試打をしましたが、7番アイアンばっかりズラーッと並んでいる様は壮観です。多分世の中のアイアンで、7番アイアンだけは本数が多すぎて余るんじゃないですか。試打クラブのぶん、どこぞの中古ショップに流れているかもしれません。

アイアンが飛ぶとか、曲がるとか、つかまりがいいなどと試打する場合、7番アイアンが基準となります。だから自分の7番アイアンで、飛距離や球筋を把握したうえで、ショップなどに行くがよろしい。そんなわけでわれわれは、ゴルフをやっている限り、7番アイアンから離れられないのです。末永くおつき合いするとしましょうか。

講義 24

愛用クラブの乱調を克服せよ

「日ごろから寵愛しているクラブの謀反は、愛人に裏切られるよりショックである」――100切り先生

◆◆前のラウンドから前兆はあった

皆さんは、自分が一番信頼しているクラブに、突如裏切られたことがありますか？　私はあります。日ごろから寵愛《ちょうあい》しているクラブの謀反は、愛人に裏切られるよりショックですって、ほんまかいいな。

何が起きたかというと、昨年の春からかわいがっていた高反発クラブのドライバーが、突然不調になり、ボテボテのゴロやチョロが起こり、制御不能となったのです。

ゴルフクラブとの相性は、日ごろの体調や体の張り具合、疲労度などにより変化します。多くは使う側の問題となりますけどね。

3月辺りから、愛人契約を結んだドライバーがあり、もうピチピチの新人ですから、爆発的な破壊力で、私は昇天されっ放しでした。出合って間もなく、エースドライバーの座を射止め、以前使っていた正妻ドライバーは、5年も妻の座にいたのに、押入れに押し込められ、ほとんど蟄居《ちっきょ》状態です。

今年はこの高反発クラブでいくぞーと、宣言しまくった矢先の失速。これには前兆がありました。前のラウンドで、打ったボールの方向性が悪くなり、スライスが多めに出るようになりました。揚げ句、ヒール球も出て、たまたま広いコースだから大ケガをしなくて済んだのです。

目から
ウロコ!
ユーティリティー
って
こんなに簡単に
打てるんだ!
でしょ!
技術の進化を
侮っていては
自らも進歩しません!

そして今回、愛人クラブは、スタートホールでボテボテのゴロ。大きなコンペだったので、衆人環視の中、あるじに恥をかかせたのです。さらに2ホール目もチョロで、これはどうしたものか? 心を鬼にして、「チェンジ」宣言を出して、引っ込めました。風俗の世界ですらチェンジをしない「ホトケのキムラ」といわれていた男が苦渋の決断をした背景には、知り合いが多数参加してるコンペ

で、負けられない事情があったのです。

◆◆ティショットは170ヤードで十分

ここからが、100切りゴルファーへの問題提起です。自分の使っているエースドライバーが不調に陥った。皆さんどうしますか？　答えは何パターンかあります。一緒に考えましょう。

①不調ドライバーを使い続ける

多くの人は、使い続けるんですよね。だって代わりのドライバーなんて持っていないし、替えのクラブのスプーンやクリークでティショットをあまりしていないから、自信がない。故に同じドライバーで、あ〜でもない、こ〜でもないと念仏を唱えながら、ラウンドをしていく。

私も昔は、そういうラウンドでした。そのときは確実に100オーバーしますね。そこで何か対策を考えないと。

②ドライバーを安全に打つ

ドライバーが不調で、大叩きのラウンドを何度かすると、練習場で「調子の悪いときの打ち方」を練習します。それは個人差がありますが、クラブを短く持ってコンパクトに打つみたいな打ち方です。俗にいう「置きにいく」打法です。けどこれは、タイミングを合わせようとして打つと、逆に当たらないという、地獄絵を見ることとなります。

ドライバーって、振るイメージがあるので、コンパクトに打つのは難しいです。ドライバーの省エネ打法を練習している方は、ぜひやってみてください。そんな器用な打ち方ができる人は、そもそもドライバーが不調に陥らない。そういう矛盾点は、往々にしてありますけどね。

③ドライバーの代用を使う

正解はこれです。今回のドライバーの不調騒動で、代わりに使ったのがスプーンでした。実はスプーンが得意で、日ごろも狭いレイアウト時に使っています。スプーンは当たれば２００ヤードは飛びますので、レギュラーティのラウンドなら、日ごろのラウンドとなんら変わらない成績を残せます。その日は、ドライバー使用時がボギーとダボ。３ホール目からスプーン使用で前半42。後半もスプーン使用で44の86で、コンペは準優勝でした。

④代打の代打

ただ、①で述べたように、③のスプーンは理想論ですよね。日ごろ打ち慣れているから打てるわけで、スプーンでもダメなら、代打の代打を使いましょう。ではどれぐらい短いクラブでティショットができるのか？

飛距離なら１７０ヤードぐらい打てば十分だと思います。１７０ヤード2回で３４０ヤード、３打目で60ヤードを乗せたら４００ヤードのミドルホールでボギーが取れます。

１７０ヤードを打つなら、７番ウッド、あるいはＵＴ４番とか、それぐらいのクラブでティショットして、それで2打目も打つ。そういう計算ができる人は、ドライバーが不調でも、まったく動じません。たまには短いクラブでティショットの練習をしておきましょうね。

うッ
どう見ても素振りじゃないよね？
すっ素振りです！

第4章

ライフスタイル編

講義 25

コンペの心得活用で人生の運気UP

集合時間ギリで来たような顔をして、実は1時間前に到着しガッツリ球を打ち込みましょう

◆◆ドラコン・ニアピンはスコアカードにメモるな

100切りゴルファーは、コンペ対策をするべきか？　通常のコンペは、ラウンドして、パーティに参加するだけです。でも、実はちゃんと作法があり、今回はそれを勉強します。

まず技術的なお話を少々。コンペはたくさん景品が出るので、上位に入り奥さんが喜ぶパン焼き器ぐらいは、持って帰りたいですよね。

最近のコンペは新ペリアルールが多く、運が左右します。隠しホールで叩くと高得点になるので、80台でも下位、100叩きでも上位があるのです。確率的においしいのは、95前後のスコアで、トリプルが二つ三つあると、優勝戦線に残りやすいです。

われわれはまず100切りし、恥だけはかかないようにしましょう。そのためには練習です。8時集合、9時スタートのコンペがあるとしたら、7時に会場に行きましょう。そこで、みんなが来る前に練習です。練習を終えたら、何食わぬ顔をして、今来たみたいなふうを装い受付に行けばいいのです。

そして朝食を取り、2度目の練習をします。すでに朝1回練習をしていますから、ボールが飛ぶ飛ぶ。来たばっかりのコンペ仲間をそこで焦らせて、蹴落としましょう、ってセコイなあ。

コンペはスタート前に、ドラコンとニアピンのホールを発表しますよね。実は100切りレベルのゴルファーは、それを知ると緊張して叩きます。スコアカードには何も書かないでラウンドしたほうがいいです。とにかく、自分には関係ない、と思って打ちましょう。その無欲が、案外運を引き寄せたりするんです。「あれ〜、乗っちゃった」ってね。

そして、コンペだからこそ、気になるのが同伴メンバーです。作戦としては、コンペの2〜3日前、組み合わせ表が送られてきたときに、メンバーをチェックしましょう。友人に「あの人はどんな人？」などと、聞いておくのは大事です。そして、いよいよ顔合わせです。そこで実際の印象を加味し、誰に気を使えばいいのかを推測します。

◆◆仕切り役と陰のドンが誰なのかを把握すべし

ぼんやりコースを見ていると、スタートの順番を決める棒を引け、とAさんが促してきました。そうか、Aさんが世話役なのか。じゃAさんの仕切りでラウンドすれば、すべてが丸く収まるということか。

スタートからAさんが会話の主導権を握り、なかなかよい雰囲気のラウンドとなりました。皆さん、途中見えなくなりましたが、1番ホールでグリーンに見事集合。

そのグリーンで面白いことが起きました。私がパターで打ったボールは、オーケーが出にくい微妙な距離で止まりました。先ほどのAさんが「これはオーケーかな」と、いってくれました。さすが仕切り屋さん、満遍なく気遣いをしていますね。

ところが、脇で見ていたBさんが、「そのオーケーはないだろ。1グリップより、だいぶ長いよ」といって、オーケーを取り消したのです。そこでは揉《も》めたくないので、こちらとしては、しっかりカップインしました。

もうお分かりですね。このパーティの陰のドンは、Bさんです。一番の年長だし、体格もどっしりして迫力があります。

腕前は、昔うまかったって感じのゴルフです。長いクラブは真っすぐ飛びませんが、グリーン周りが巧みで、寄せでスコアを稼いでいるというタイプです。

このうるさいオヤジのBさんと、どうおつき合いしましょうか。このBさん、よくボールをなくすんですな。山や谷にボールを打ち込み、そのたんびに捜すことに。まずAさんが柴犬のように、紛失ポイントにはせ参じます。しかし、ボールは見つからない。「Bさんなら、これぐらい飛んでますよね」と、おいおい飛距離にまでお世辞いうのかよ。こちらは冷静に見ていたので、捜しているポイントのずっと手前で見つけてあげました。感謝されることしきり。

終盤ではBさんのパットしたボールが、微妙な位置で止まりますが、すかさず「オーケー」といってあげたらまあ喜ぶこと。

ラウンドが終わり、パーティとなったら、Bさんのほうから名刺を差し出してきました。その名刺で、取引したい会社の関係者と分かりました。

「キミはなかなかいい筋してるね。今度泊まりで軽井沢のゴルフあるけど、来ない?」なんて誘われました。いや〜ゴルフって何があるか分かりません。要注意人物だからこそ、味方にすべきかも。

今回の話は、スコアにあまり関係ありませんが、実人生にとっては、大いなるプラスです。面倒くさそうと思う方に、あえて近づく。谷にボールを拾いにいくのは、実は「火中の栗を拾いに行く」作戦と一緒なんですね。

講義 26

熱心すぎてもゴルフはダメ

「過ぎたるはなお及ばざるがごとし」って言葉を教えてあげたい人、ゴルファーには多い気がします

「小さな親切、大きなお世話」って言葉もあるな

ゴルフにおいて「熱心」とは、何でしょうか？ プロアマでゲストをなおざりに、パターの練習ばかりしていた片山晋呉選手は、熱心すぎなのか？ あそこではプロの紳士的な振る舞いを要求されていたので、場違いだったのかも。どうも片山選手は「プロアマ」を「練習日」と勘違いしていたようですね。

そう考えると、われわれのラウンドは万年「練習日」ばかりなので、熱心に制限はありません。むしろ、その熱心さが、時として仇《あだ》となることもあるといいたいのです。

アマチュアにおいての熱心とは、例えばこういうことです。コント赤信号の渡辺正行さんは、ゴルフをするとき、チェック箇所が10個ぐらいあって、首、肩、グリップ、方向、ボールの高さ、風向き、などといちいち言葉に出して確認するから、ショットにたどり着けない、と以前テレビでいってました。多少ネタの部分もあると思いますが、反面教師として学びたいですね。

ゴルフは動作を言葉にしたり、読み取ったデータを数値化すべきか、甚だ悩みます。

具体的にどんなことか、例を出して幾つか説明しましょう。

①距離計測器で教える人

はやりの距離計測器を使っている同伴メンバーが、善意で「ここからは残り141ヤードね」と、いってくれることがあります。これもなんだかな～ってときがあります。グリーンを見ると、砲台になっていて、もっと距離がありそうにも見えます。フェアウェイの横を見ると、ちょうど150ヤードの表示木が真横にあって、それだと残り150ヤードか？じゃ、グリーン手前にピンが切ってあるのか？どういうこと？

ゴルフは考え出したらキリがないです。案外、今までの自分の勘の、アナログでやっていたほうが、よい場合があります。

②自分の順番がきてから歩測する人

パターを打つとき、歩測するのは構いませんが、自分の打つ順番がきてから歩測するのはいかがなものでしょう。よく見ると、さっき、しっかり歩測してたじゃん。「2回も歩測するの?」と聞いたら「念には念を入れて」って、しかも、それダボパットじゃん。どうでもいいんじゃないの?

③自分中心に世界が回る人

みんなでゆっくり朝食を食べ、練習してからラウンドしようと9時半スタートに決めました。なのにコースに行ってみると、「全員そろっているようだから、8時半スタートに変えていい?」っていうやついるんだよね。こっちは、まだ練習もしてないのに。さらにトイレに行ってもないし。いろいろやることがあるんだからさ、最初のスタート時間でええがな。コースでウンコ漏らしたら、あなたのせいだからね。

④アドバイスする人

プライベートラウンドの場合は、いろいろアドバイスするのは、さほど問題になりません。けど「釈迦《しゃか》に説法」というか、下手な人がうまい人にアドバイスしがちなのが笑えます。「タイガーは60度のサンドウェッジを使って、ボールをつぶして低い球で寄せるんだけど、おたくはしないの?」って、おいおい、タイガーを引き合いに出して、シングルさんを煽《あお》ってどうする。その前に、おまえこそ早く100切りなさいよって。

⑤ワンハンやラウンド後の練習を誘うやつ

「今日2時半までならワンハンできるそうです。どうですか?」って、もうクタクタですよ。「1ラウンドで十分」と答えるや「じゃ、終わってから近くの練習場に行きましょうか。ラウンド後の練習が一番うまくなるんですよ〜」っていわれてもね。あと20歳若かったら、つき合うかもしれませんが、もう体力が衰えていますので勘弁してください。帰りに健康ランドに寄るなら、その話には乗りますがね。

というわけで、100切りスコアにさほど関係ありませんが、熱心なゴルフというのも、甚だ迷惑な話です。松岡修造さんも、見ているぶんには面白いのですが、実際に教わると、しんどいかなって。

われわれのゴルフにおいて、周りに熱心すぎる人がいると、こっちがプレッシャーを感じてリキんでしまいがちです。

前の日までは、熱心に練習したり、勉強したりするのは結構ですが、コースに来たら、そういう暑苦しいものを脱ぎ捨てて、いかに軽やかにプレーできるかが大事だと思います。

チェックポイントなんて気にせず、何も考えずに無心でプレーされたし。さすれば、100切りなんてちょろいもんですよ。そうありたいですね。

講義 27

ゴルフ場の練習での正しい振る舞い

コンペ前のコソ練を推奨しましたが、疲れてヘロヘロになるまで打ったらダメですよ

◆◆プロとの体力の違いを冷静に考えて！

今回はゴルフ場のドライビングレンジの使い方を考察します。見た目は街中にあるゴルフ練習場と、なんら変わりません。むしろコースにある練習場のほうが広々として、使い勝手がいいでしょう。

ゴルフ場の練習場と、一般の練習場との決定的な違いは、何でしょうか。コースの練習場は時間の制約があり、即ラウンドしなければならない。ですから、何箱も打って新しい打法を編み出そうとか、しつこくアプローチを繰り返す、そういうことはできません。

ここでアマチュアが陥りやすい勘違いを一つ。試合前のプロはアイドリングをして、エンジンが温まった状態にコンディションづくりをします。仕事ですから、ある程度納得のいく球筋が出るまで、練習をしなければならないのです。

じゃ、アマチュアはどうすべきか？　しっかりアイドリングをし始めたら、疲れてヘロヘロになって、ラウンドどころじゃなくなります。解決策として提案するプランは、こんな感じです。

①１箱の練習で終えること

通常、コースの練習場の１箱は24球で、カゴの場合は30球ぐらいですか。これ以上は絶対打たないと決めてください。アマチュアは体力も集中力もさほどありません。特に集中力はついていかないので、１カゴで我慢しましょう。１カゴ30球といったら、１ラウンドで打つボールの約３分の１の量です。ちゃんと打てば相当疲れます。

練習のポイントは、アイアンからドライバーまで、「スイングの基本は一緒」という考えで打ちましょう。故に、一つのクラブにこだわらず、満遍なく打ったほうがいいです。

まずは９番アイアン辺りから打ち、７番アイアン、ＵＴ、ウッドと次第にクラブを長いのに換え、最後はドライバーを握ります。ドライバーは疲れますから、打つのは２、３球ぐらい、多くても10球までです。

皆さんドライバーをガンガン打ちたがりますが、次第にひどい球になるので、ミスする前に切り上げたほうがいいです。ドライバーで納得いくボールが出ないと不安ですが、「諦めの境地」で臨むのも大事です。そもそもドライバーは、ナイスショットが長続きしません。「まな板の鯉《こい》」じゃありませんが、ティグラウンドに立ったら、ジタバタしないことです。腹が据わっていることも大事です。

②キリのいいところで練習をやめる

私の場合、コースの練習場で1箱打ちますが、余ることが多いです。私は4～5本クラブを練習場に持っていき、1本が3球、15球で終わる場合もあります。いい感じと思ったら、やめてしまうのです。練習って、長くやれば必ずミスショットをしますよね。ミスした以上、修正しなければならない。だったらそこそこ飛んでいる間に、練習を終わらせればいいのです。

ですからボールを10球ぐらい残して、友人に「よかったら使ってください」といって、お裾分けします。「早いね、もう上がるの?」と友達にいわれれば「何回打っても一緒ですから」といえばいいのです。

③1箱全部使う場合

残りの10球ぐらいを打つ場合は、アプローチです。そして最後の1球は転がしの簡単ショットを。この1球でナイスショットが決まれば、今日はイケるかも、と思えます。「運試し」のショットをしないことです。もし最後の1球でシャンクをしたら、目も当てられません。しかも、調整するボールがないです。すごく気分の悪いまま、ラウンドになります。

昔、それをやってねえ、本番と一緒のつもりで、本気モードの球を打ったら、変な球でショック。それからどうしたと思います？　もう1カゴ打つ時間はないです。ポケットから本球を出して、打ちました（よい子はマネしちゃダメです）。あれ以来、ラストの1球は適当に打ってます。

④球筋を見ての戦略

結局何回練習しても、理想のボールは打てない。それがアマチュアです。だったら現実を受け入れましょう。今日は全然当たりが薄いなあ。7番アイアンで140ヤードも飛ばない。そういうときは、コースで1番手大きめのクラブを持つのです。ドライバーが曲がってばかり。ならばドライバーでティショットしない。それもありです。朝イチ、スプーンで打つことが、よくありますからね。

というわけで100切りの心得をまとめましょう。「コースの練習場は、当日の弱点を把握し、いかに叩かないかを工夫する場所なり」。これが正解です。

逆に練習場がダメでも、コースで爆発ってこともありますから、臨機応変に100叩きを楽しんでください って、ほんまかいいな。

講義 28

スコアがよくなるコースとは？

よほどのMでない限り楽しく回れて常に100が切れる——そんなコースにどんどん行こう

◆ゴルフスコア、正直申告の法則

ゴルフって不思議なもので、ハザードなどを熟知し、何回もラウンドをしているメンバーでさえ叩いてしまう。そういうこと、ありますね。コースの特徴を覚えていても、スコアアップにはさほど役立たないのかもしれません。それではベストスコアを更新し、常に100切りできるコースとはいったい何か？　考察してみます。

まず単純によいスコアの出るコースを挙げると「パー70」や「パー71」のコースです。すでにプレー前からスコアが割引されています。けれど変則コースで、ベストスコアを出しても「実はパー70のコースなんだよね」といってしまう人が、けっこういるのです。

これはエキサイトな店に行って、「すごく気持ちよかったけど、顔立ちは普通だよ」と、いうのと同じです。つまり「風俗、正直申告の法則」があるのと同様に「ゴルフスコア、正直申告の法則」もあるのです。それはそれとして、ここではパー72のコースと仮定して話を進めます。ポイントを挙げますと……、

①コース選び

やはり平らで距離の短い河川敷コースは魅力的です。メンテナンスが楽なので、コーライグリーンが多いです。グリーンは小さくプチ砲台が主流です。簡単にパーは取らせてくれませんが、ボギーは取りやすいかと思います。

距離が短いコース、イコール簡単と思いますが、アマチュア目線でいえば、250ヤードでもパー4はパー4であり、それなりにレイアウトは凝っているものです。

距離の短いコースは、グリーンに乗って当然と思いがちですが、その当然な行為がなかなかできない。何事も謙虚に、ですね。

②コースの相性を見る

ベストスコア更新のために、わざわざ河川敷コースに行くのも、姑息《こそく》すぎる。そう考える方もいるでしょう。

では普通のメンバーコースで、何かスコアアップになるヒントはないでしょうか。コースと自分の相性を考えましょう。私はアップダウンのあるコースで傾斜から打つのは苦手です。故に山岳、丘陵コースよりは、平らな林間コースが好きです。

バンカーが苦手ならバンカーが少ないコース、池が嫌いな人は池の少ないコースですよね。でも、ハザードに関係なく、不思議といいスコアが出るコースもありますね。それこそ、相性バッチリじゃないですか。頻繁に行きましょう。

③同伴メンバー

もし一緒にラウンドするなら、ルール&マナーに厳しい人よりは、エンジョイ派の人とラウンドしたほうがいいです。返しのパットが残り、微妙な距離でも「オーケー」といってくれる人が、何よりです。

まずリラックスしてラウンドをしないと。間違っても女性とはラウンドしないほうがいいでしょう。女性の前でいいカッコしようとして、逆に叩くのが、見えていますから。

④信ずるクラブを多用

自分の得意なクラブを、たくさん使うことがよろしいかと思います。例えば170ヤード打てば、グリーンに乗るとしましょう。7番ウッドで170ヤード打てるけど、自信がないというか、左右にブレやすい。けど4番UTで160ヤードなら、なんとか打てる。そういうときは、たとえグリーンに乗らなくても、4番UTで打つべきです。そのほうが、大ケガをしないんですよね。

14本持っているクラブの中で、得意順を決めておいて「四天王」でもいいし「神セブン」でもいいですから、お気に入りを集め、ご寵愛《ちょうあい》しましょう。必ずや期待に応えてくれるはずです。

⑤ビッグイニングを出さないこと

われわれ100切りゴルファーのポイントは、これです。やはり叩いてもトリプル以上のスコアを出したくない。ティショットでOBを出すと、そこから頑張ってもダボが精いっぱい。俗にいう「OBパー」というやつです。現実的にはトリプルで抑えれば御の字です。

というわけで最後のアドバイス。

⑥OBの少ないコース

コースには必ずOBがあります。ただ、OBがあっても、広いとか、片側は安全だとか、逃げ道があれば、大叩きはしません。要するにフェアウェイの広いコースでラウンドする。これは鉄則です。さすれば、OBや1ペナを気にせず、ラウンドできますから。

いいスコアを出すには、とにかく気張らないこと。芸能ゴシップ好きな友達と一緒に回って、スキャンダルの裏側を聞きながら楽しんでいると、案外いいスコアが出たりして。ゴルフってそんなものですよ。

講義 29

オーケーパットの「オーケー出し」は、案外難しい

自分が下手だという負い目があると、「オーケー」を出す判断って他人に委ねたくなりますよね

うまい人からの圧力にはあらがえない

さまざまな角度から100切りゴルフを提唱しているこの連載で、今回は「オーケーパットの『オーケー出し』は、案外難しい」というテーマを考えてみます。

「それって、何か技術指導として、ご利益《りやく》があるの?」と聞かれれば返答に困りますが、人間関係を構築するメソッドとしては非常に有益です。簡単にいうと「オーケーをいえれば、アマチュアゴルファーとしては一人前」ということです。

まずわれわれがゴルフにお呼ばれする人間関係を説明しましょう。そこそこうまい人のAさんとBさんが、ゴルフをしようと盛り上がります。そこでコースを予約し、「せっかくだから、下手でも愛想がいいCとDも呼んでおこう」という運びとなります。ここでのわれわれのポジションは、当然Cさんかさんとなります。分かりますよね。

そんなパワーバランスをそこはかとなく把握し、ラウンド開始です。1ホール目で全員グリーンに乗って、カップ周辺にボールが寄ります。そこでAさんが「オーケー」といって、Bさん

のボールをパターでよけた。次にBさんが、Aさんのボールに対してオーケーを出す。それからわれわれのパットもちょっと甘くですが、オーケーを出してもらい、丸く収まります。

どうやらAさんとBさんは、スコアを競うニギリをやっているようで、オーケーというときも一瞬間《ま》があり、「う〜ん、下からだからオーケー」と、揺さぶりをかけていたのです。

問題は5番ホールで起きました。Aさんが先にパットを決め、トイレに行くといってグリーンを離れたのです。残されたBさんは、パーパットを外して微妙な距離が残りました。約半歩の距離。オーケーでもいいし、オーケーじゃなくてもいい。Bさんはギロリと私を見ています。そして「オーケー出さないの〜」と、強く催促をしてきたのです。いたたまれなくなった私は、「オーケーです」と、いわざるを得ませんでした。

どうです？　１００切りレベルの人は、うまい人がオーケーを出せばいいと思っていますが、逃げ切れるものではありません。いつかは自分で判断を下さなくてはいけない立場に追い込まれるのです。

そこで正しいオーケーの出し方をレクチャーしますので、ラウンドの参考にしてください。

◆◆木村式・無難にオーケーを判断する方法

①オーケーの距離感
各パーティで、オーケーの距離は微妙に違います。このパーティは甘め、あるいはシビアにワングリップだとか、最初の２〜３ホールで、オーケーの距離感を把握することが大事です。

②傾斜による違い
上からや傾斜のある横からのパットは、かなり距離が近くてもオーケーは出しません。逆に上り真っすぐのパットは、多少距離が残っていてもオーケーを出す場合が多いです。

③ニギリをしている者は、本人同士で
ニギリをしている場合は、本人同士に判断を任せるべきです。どちらかが不在で、自分が判断せざるを得ないときは、毅然《きぜん》とした判断をすべきです。とはいえ現実は厳しいですが。

④叩いた者に対しては甘く

すでにトリプル確定で、へろへろになって3メートルのパットを打ったら、1メートルオーバー。そういうときは、「武士の情け」で、オーケーをしてあげたほうがいいです。

⑤相手に甘くしても、見返りを期待するな

自分は長い距離もオーケーをしているのに、いざ自分が打つとき、相手はオーケーしてくれない。人生こういうことが往々にしてあります。これでケンカになる場合がありますからね。最初から「オーケーパットの見返りは期待しない」そう思っていたほうが無難です。

⑥場の空気を読む

仏心でオーケーをどんどん出していると、クレームがくるときがあります。「これじゃ、ゴルフがつまらないだろ」と。外すか外さないか、微妙な距離をパットするから面白いんだとね。確かにそうです。オーケー乱発はいけないし、オーケー少なすぎも問題が。そのサジ加減が非常に難しいのです。

⑦自分の意見をはっきり持つこと

「これはオーケーではありません」と、きっぱり言い切ったら見事です。「何でだよ?」と聞かれたら、「さっき、同じ距離を外しましたよね。必ず入るからオーケーなんですよ。外す可能性があるので、打ってもらわないと」。これぐらいいえたら見事です。

ただケンカになるので「他の皆さんの判断で決めてください」ぐらいはつけ加えますか。

たかがオーケー、されどオーケー。

講義 30

嫌なヤツと回ろう。きっとうまくなるハズ

「他人のミスショットは蜜の味」とでもいいたげな目をした悪友こそ、得難いゴルフ仲間かもしれません

◆◆すぐにオーケーくれるトランプ氏はいいヤツ!?

安倍首相とトランプ米大統領が、霞ヶ関カンツリー倶楽部で行った、日米親善ゴルフ（2017年）を見ましたよね。トランプ大統領の豪快なショットもさることながら、大胆なオーケーにもびっくりしました。何しろ、ボールがまだ転がっている段階で、ボールを拾ってしまうし。ゴルフ的には、非常に品の悪いプレーといえます。

けれど、あまりにも叩いている安倍首相に対して気を使い、オーケーの大サービスをしてくれたのなら、それはそれですこぶる優しい行為になるのですが。本当はトランプ大統領自身が早く打ちたかったから、他の人のプレーはどうでもよくて、オーケーしたとも取れますけどね。

というわけで、今回のお題は、「嫌なヤツと回ろう」ということです。トランプ大統領は、ゴルフ的見地からしてみれば、いいヤツです。

だってあんだけオーケーを出しまくるのですから。でも、そうやって甘やかすプレーは、相手にとってどうなのでしょう。実はルールやマナーに厳しく、口うるさい人とラウンドしたほ

うが成長するのではないか。そういう仮説を立てて検証してみます。

こんなにあるよ嫌なヤツと回るメリット

●嫌なヤツは「そこOB」と、コースを教えてくれる

打つ前にいちいち、コースの注意点を説明するヤツいますよね。でも、その忠告どおりにOBになったりして。

「おまえがいうから叩くんだ。知らなきゃそれで済んだのに」

確かにそうですが、ゴルフの基本は、ハザードを認識して頭の中に入れ、そのリスクと対峙《たいじ》しながらプレーをすることです。やはりここは、OBを教えてくれる、便利なヤツと解釈し、素直に耳を傾けましょうか。

●嫌なヤツは、叩いても「7じゃないでしょ、8でしょ」と、スコアを正確に教えてくれる

ほんと嫌なヤツですね。人が叩いているのを、ニヤニヤしながら見て、その叩いた数をいちいち数えている。本当に趣味が悪いです。けど、他の同伴プレーヤーの手前、スコアを正しく出さねばなりません。自分で適当に7というや、8と訂正されるし。ある意味、彼のおかげで、スコア誤記を免れ、助かっている一面があるのかも。一応、しぶしぶながら、感謝しておきますか。

●嫌なヤツは林で叩いていると「諦めて横に出したら」と、正しいアドバイスをしてくれる

確かに正解かもしれませんが、「おまえはヘボだから、林の間を縫うショットなんか、100年早い」と、いわれているような気がします。

素直になれない、自分が憎いなぁ。「塩対応」されればされるほど燃えますって、なんか、恋愛しているみたいですわ～。

●嫌なヤツは「はいはい、ディボット跡は、砂で埋めてね」と、マナーも教えてくれる

「いちいち姑《しゅうと》みたいにうるさいんだよ！　こちとら叩きまくって、それどころじゃないんだから。おまえが勝手に埋めろって！」

あれ～、本当にオレの打った後に砂をまいているし。いや、なんか悪いなぁ。う～ん、今度から自分でやります。嫌みなヤツと思ったけど、マナーを教えてくれる、学級委員みたいな、とてもいいヤツだったのね。

●嫌なヤツは「はい、あなたの負け。昼飯おごってね」と、勝負の厳しさを教えてくれる

こっちは、叩いてしょげているのに、鬼のようだ。勝ったときだけ、しっかり催促してくるしって。たまに勝つオレも、催促の鬼なんだけどね。何でハンディをもらっているのに、負けるんだろうか。それが謎です。さりとて、ハンディをもっとくれというと、「それでも男なの？勝負は時の運だから。厳しいハンディのほうが、真剣にプレーするよ」と返してくるし。もっともでございますが、なんか、うまくいいくるめられているような気がしないでもないです。

●嫌なヤツは「さっきのバンカーで泣いていた写真」と、カメラマンもしてくれる

「いつの間に撮ったんだよ。オレがバンカーからボールが出ないで、へたり込んでいる写真を。わざわざスマホに送らなくてもいいって。それにしても、オレのバンカーショットは、ボールのだいぶ手前を打っているなあ。これじゃ、ボールは出ないはずだって」。写真を妙にありがたがってどうするねん。

というわけで、意地悪で余計なことをいう人もおりますが、人の話を素直に聞くのも大事というお話です。実は嫌なヤツがいい人で、いい人だと思っていた自分が、嫌なヤツだった。世の中、往々にして、そういうことがあります。なんでも自分中心の価値観で、物事を進めないことですね。

体硬いのにどうしていきなりストレッチなんかやりだしたんですか？
青木功さんがやってるのをテレビで見たの！

第5章

エクササイズ編

講義 31

練習場でドライバーを、さほど打たない考え

ドライバーが下手なのにドライバーを打たざるを得ない。なんて悩ましいのでしょう

◆◆朝イチで刻もうものなら「男じゃない」と炎上

100切りレベルの人間にとって、ゴルフクラブといえば、まず思い浮かべるのがドライバーですよね。朝イチのスタートホールがショートホールってことは超珍しいですから、感覚的には98パーセントぐらいの確率で、ミドルホールかロングホールに遭遇します。そこで使うのが、ドライバーです。

他のクラブを使おうものなら、外野から「どうしたの？ 調子悪いの」とか「男だろ、ドライバーで打たなきゃ」と、やじが飛び交い炎上状態に。だから他のクラブが使えないのです。

ここは慣例どおり、ドライバーで打つしかありません。アマチュアゴルファーのドライバー依存率は、すさまじいものです。だから朝イチで打ったドライバーの打球が、そこそこ前へ飛んでくれたら、その日の仕事の半分は終わり、それぐらいのことをしたといっても過言ではありません。

これだけドライバーに依存したラウンドをすると、練習も、がぜんドライバーとなります。

よく9番アイアンぐらいの短いクラブから打って、徐々に長いのを打つのが理想の練習法といわれます。けど、100切りゴルファーはドライバーが打ちたくて仕方がない。だからいきなり、第1球からドライバーを振り回す人も出てきます。周囲から「それはあんまり」といわれるや「オレは、実戦練習をしているんだ。朝イチのコースでのショットだって、いきなりドライバーだろ」と、屁理屈とも取れる発言をします。揚げ句、チョロだったりして、う〜ん、まさに実戦さながらですなあ〜。

　さて、短いクラブの練習をどう理解しましょうか。例えば9番とか7番アイアン。これは100切りゴルファーでも、そこそこ当たります。なんだかんだ、緩く曲がりなが

らも前へ進みます。しかも、何回打っても同じ球筋で、全然面白くありません。だから2〜3球打ってパスとなるのです。

◆◇ドライバーが悪いときこそ短いクラブを打つべし

ここは一つ発想を変えましょうか。「スイング作り」としての、練習や素振りを考えてはどうでしょう。

練習のとき、短いクラブから打っていくのは、徐々にスイングを作って、「肩が入る」状態にし、可動域を広げるためです。加えて「リズム作り」も大切です。ドライバーから練習を始めると、ついつい、マン振りをしてしまう。結果「打ち急ぎ」という現象が起きて、極端な手打ちやシャンクやヒールボールが、出やすくなるのです。

つまり短いクラブでの反復練習は、相当効果があるのです。簡単にいえば、短いクラブで起きているミスは、そのまま長いクラブに引き継がれると。そしてクラブが長いぶん、ミスの被害も大きくなるというわけです。

練習嫌いの私でも、いざ練習をするというときには、打つ前に体をほぐし、可動域を広げるストレッチをしてから打席に立ちます。もちろん最初は短いクラブで、ハーフショットから8割ぐらいのパワーで練習し、最大でも9割ショットでやめておきます。

どうせドライバーを持ってしまえば、振り回すのは見えていますから、極力パワーを最大限にしないことです。

具体的な練習としては、1カゴでの練習なら10球ぐらい、短いクラブを打ったら、ドライバーを2～3球打ちます。それで感触がよかったら、もう終わりです。また短いクラブやアプローチの練習をします。

じゃ、ドライバーの調子が悪かったらどうするか。ドライバーを引き続き打つと思うでしょ。それが違うんですね。

また短いクラブでショットの練習を20球ぐらいして、それからドライバーを打つ。つまり短いアイアンで、スイングやリズムの矯正をするのです。

ドライバーの調子が悪いからと、ドライバーで調整することを、以前はやっていましたが、ドライバーって振ると疲れるでしょ。けっこうパワーもいるし。何球も連続して打てません。打っているうちに、次第にフォームが乱れて、ますます変な球が出ることがよくありました。

ここは一旦《いったん》ドライバーを離れて、スイング軌道の練習として、ショートアイアンを勧めます。そもそもドライバーばかり振り回しても、10回連続ナイスショットなんてないでしょう。そろそろボールが曲がりそうだなってときに、やめておくのもテです。

短いクラブでのスイング調整を覚えると、ドライバーを打たなくても、なんとか当たるようになります。練習場のないコースでは、短いクラブでの素振りだけで、けっこう感触がつかめます。くれぐれも、ドライバーを振り回しすぎての、自滅だけは避けたいですね。

講義 32

たくさん練習するよりも、数多くの試打を勧める

特に努力しなくても劇的にゴルフが変わることを実感中の100切り先生

◆◆100切りゴルファー用のクラブがほとんどですよ

ゴルフの腕前が上達する方法はいくつかあります。一般的には「レッスン」を受けてから、自分なりに「練習」をする。そして週末「ラウンド」をして「反省」し、また火曜日にはゴルフ雑誌を買う日々を送ることです。

この中でレッスンは、予算に応じていろいろあります。マンツーマンでレッスンプロにつけば効果的ですが、福沢諭吉が数枚飛んでいくでしょう。予算のない方は、ゴルフ雑誌を買う方法があります。ただこれは、それなりの理解力と応用力がないと順応できません。客観的なスイング把握能力とでも申しましょうか、自分なりに理解したスイングが、果たして正解なのか？　そして、それを実践する段階で、コピーできているのか？　そこは、神のみぞ知る領域ですね。

ここまでが従来の100切りメソッドです。これを否定するつもりはありません。従来どおり、ゴルフのエクササイズに励んでください。ただし、次から一つだけ新しい方法を加えてみましょう。それが「試打」です。

そんなにクラブの試打が役立つんだろうか？

実はすこぶる有益です。なぜかというと、「メーカーは100切りゴルファー用にクラブを作っているから」です。

もしあなたがゴルフクラブを売るとしましょう。たくさんクラブを販売したいと思ったら、ボリュームゾーンを狙いますよね。それでは、アマチュアゴルファーのボリュームゾーンとはどこか？　購買シェアで考えますと、ざっとこんなところでしょう。

①シングルさん　シェア10%

シングルクラスのトップアマ。この人たちは、よくクラブを買いますが、人数が少ない。しかも高度な本格派のクラブを買います。

②ハンディ10〜15のアマ　シェア20%

一番ゴルフをやっていて、しかも発展途上の人々。研究熱心、購買意欲は旺盛です。かなりのボリュームゾーンかなと。

③ハンディ16以上　シェア70％

人数的には最大のボリュームゾーンです。けど、ラウンドも練習もさほどせず。月イチゴルファーで、同じクラブを10年ぐらい使う人多し。潜在的には「眠れる獅子」状態です。いったん目覚めれば、購買意欲高しです。どうです。われわれは③のハンディ16以上で、お金もかけずに、努力もしない。ならば試打ぐらいはして、合ったクラブを探しましょうよ。

◆◆だまされたと思って一度高反発を打ってみて

100切りゴルファーの、しかも50歳以上の方は、年々飛ばなくなる自分に対し、漠然とした不安を抱いています。故にシェア70％の100切りゴルファーに対し、クラブメーカーはマーケット対策をしています。つまり、100切りゴルファーが何の練習もせずに打っても、そこそこ飛ぶクラブをたくさん作っているのです。

具体的な試打の手順として、まず、どこに行けばいいか。試打に向いているのは、大きめのゴルフ練習場です。目の前で、どれぐらい飛ぶか、曲がるかを判断できますからね。各地区に一つぐらい、試打クラブを大量にそろえている練習場はありますから、そこで打ってください。あと中古ショップが併設してある練習場もあります。そこで借りて打つのもいいでしょう。

クラブ選択ですが、まずドライバー関係。

●**高反発ドライバー**

一度だまされたと思って、ルール不適合の高反発クラブを試打しましょう。どのクラブもけっこう飛びます。けど方向性はまちまちです。そこは打ってみないと。多くの高反発クラブはシニア向けに作られており、シャフトの硬さはＳＲがマックスです。ですから高反発だからこそ、あえて軽く打つ、これが大事なのです。

●**ルール適合ドライバー**

女子プロが宣伝している、非常にポピュラーなブランドのドライバーを打ちましょう。もしハイスペックブランドを打つなら、シャフトの硬さはＲで十分。最初はクラブを短く、指２本分ぐらい余して、謙虚に臨みましょう。

●**アイアン**

アイアンは比較的強く打つ「マッスルバック」と、軽く打ってもそこそこ飛ぶ「キャビティ」に分かれます。私は断然、キャビティ派です。メーカーならプロギア、ヤマハ、ブリヂストン、ダンロップあたりのキャビティアイアンは、持ったらすぐ打てますね。

われわれには、われわれレベルのはやりがあります。そこを理解して試打しましょう。先日は、高反発クラブで飛ばし屋を撃破して、ドラコンを取りました。いや～痛快。そういう日が、皆さんにも必ずやってきます。だまされたと思っていろいろ試打しましょう。10分ごとに売れっ子キャバ嬢が席に着くみたいで、ほんと楽しいですよ。

講義 33

下手の固め打ちとは、なんぞや

〝下手を固める〟とはいいますが、スイングなんて変でいいんです、スコアさえよければ

◆◆始まりは五十肩の発症だった

アマチュアゴルファーは、プロのように奇麗なスイングで打つ必要は、さほどないと思います。そもそも、できないですから。下手は下手なりのスイングを安定して打ち続ければ、スコアはそこそこまとまります。それを俗に「下手の固め打ち」といいます。

そんな持論を展開するには、理由があります。過去3回、五十肩をやってしまい、そのたんび、へんてこなスイングをして、同伴メンバーから失笑されておりました。五十肩は肩の炎症で、次第に肩の可動域が狭まり、ゴルフのスイングでは、トップとフォローがとれなくなるって、ほとんど全部やん。

普段の7割ぐらいしか肩が回らず、深いトップは諦め、浅いままダウンスイングをするのですが、フォローはすごいです。肩が回らないぶん、右足を左にターンさせて、体ごと左回転させるのです。そもそもがドローヒッターなものでって、どこがやねん。

自分では「犬のしょんべんショット」といっているのですが、右足を上げて、打ち終わると、

フェアウェイを正面にしたら、顔は左90度を向いている。そんな自分がいたのです。

さすがに五十肩は治りましたが、クセは残ります。ここぞというときに、犬のしょんべんショットをしてしまい、大いに笑われます。でもね、いいドローがほんと出るんですよ。

嘲笑されながらのゴルフ人生でしたが、2018年の秋、一つの光明を見いだしました。韓国のチェ・ホソン選手が脚光を浴びたからです。フジサンケイクラシックで見せたスイングは衝撃的でした。だって私とまったく一緒なのですから。試しにヤフーでもユーチューブでもいいから「チェ・ホソン」と名前を入れて検索してみてください。あの右足上げクルリンパの、フォローのスイングが公開されていますよ。

チェ選手が何でこういう独特のフォローをとるのか。それは、飛距離を伸ばすための工夫といっています。実はチェ選手、以前働いていた工場で、右手の親指の一部を切断しているのです。ここからはあくまで想像ですが、パワーがなかなかクラブに伝わらず、仕方なく体ごとフォローをとっている。そんな気がします。

いずれにせよチェ選手は、私にとって心の同志です。いやあ～、この世の中に同じスイングをする人がいるんだ。しかも、プロ選手と思うと、かなりうれしいです。

◆◆変則スイングを意外と周りは指摘してくれない

ちなみに、この犬のしょんべんショット、別名ひょっとこスイングは、五十肩が治っていない状態でゴルフをすると起こりやすいです。先日も五十肩治療中の知り合いが、ゴルフの動画を見せてくれたのですが、フォローで見事な4分の1回転をしていました。

100切りレベルのゴルファーは、年齢を考えたら、今後五十肩になる可能性大です。そうなったとき、この変則スイングの話を思い出してください。必ずや役に立つでしょう。

われわれは知らず知らずの間に、変則スイングに陥りがちです。けど、スコアがまとまっていれば、気にすることはないです。これが変則すぎて、叩いてばっかりとなったら、スイングを見直すことを勧めます。

エ～ッ、自分じゃ変則スイングかどうか分からないって？　そうなんですよ。自分の言動、振る舞い、そしてスイングは常に正しいと思っている人が、大多数ですから。

しかも、その変則スイングに対して、周囲の人は誰もいってくれないのです。というか、気を使っていわないのです。

最近、自分のひょっとこスイングに対して、「おかしいよ」「面白いよ」といったのは、ゴルフ初対面のプロ選手と出版社の偉い人でした。自分より格上で、初めてラウンドする人は、いってくれるのです。正しくいえば指摘してくれるということね。ということは、周囲の身内から見れば、見慣れた光景なので、気にしていないのでしょう。

そんなわけで、皆さんも「オレのスイング、なんかおかしくない?」と聞いてみてください。すると「ず〜っと右を向いて打ってるよ。だからスライスばかりなんだ」なんて指摘してきます。そこで「何で今までいわなかったの?」と聞くや、「えっ、気づいてなかったの? 知ってると思ってたから。クセなんだろ?」って感じで返ってきます。

衝撃の告白を受けてから、それを直すか、直さないかは、あなたの自由です。

私個人としては、ボールが当たっていれば、問題なし。下手の固め打ちの成功者として、ユーチューブにアップして脚光を浴びますか。再生回数をチェ・ホソン選手と争い、莫大《ばくだい》なお金を手にしましょうって、ほんまかいな。健闘を祈る。

講義 34

最低限、家でやっておくことは？

ロボットスイングやひょっとこフィニッシュにならぬよう最低限の準備はしておきましょう

◆◆そんなに練習しなくても、せめて現状維持はしたい

あらためていうまでもないですが、100切り先生の講義は、レッスンというより「指南書」の色合いが濃い企画です。何が違うかというと、レッスンは学んでから練習が必要となります。指南書の場合、あくまでガイドですから、その場ですぐ役立つことが多いです。例えば「グリップを短く持つ」とか「コースには早めに着いたほうがいい」みたいな、誰にでもできることです。

とはいえ実際問題、ガイドのみで上達する部分は限定的です。なぜなら、ゴルフに限らずスポーツというのは、サボればサボるほど腕前が落ちるからです。けど、さほど練習はしたくない。練習は月1回のラウンドの日の朝、コースで済ませる。それだけで現状維持ができないだろうか。

というわけで、今回は家でできる必要最小限のエクササイズを考えてみます。

人間は年を取ってくると、次第に体が硬くなってきます。昔、簡単にできたスイングが、今はできない。その理由は、練習不足というより、関節や筋肉が硬くなって腕や肩がスムーズに

動かないからです。

知り合いで、テークバックをしたまま、クラブが上で止まってしまう人がいます。別にイップス病じゃないです。単に腕がスムーズに下りてこないのです。カクン、カクンという感じでクラブが下りてきますから、そりゃボールは飛びません。当てるのが精いっぱいですね。ロボットならミシン油でも差しますが、人間ですからね。そこで、体を滑らかにする運動を推奨します。

①ストレッチは大事です

青木功プロは現在76歳。世界の青木は健在で、両足を床に広げて上体を前に倒すと、アゴが床につきます。これには驚愕《きょうがく》しました。そして「年を取ったら筋肉を鍛えるんじゃない。いかに軟らかい筋肉にするかが大事」と、健康系の番組で語っていました。青木さんにいわれたらね、「しゃんめい」ですよ。

われわれも、ストレッチもどきのことをやって、体を軟らかくしましょう。やり方は自由です。前屈でもいいし、ラジオ体操でもいい。とにかく、体を軟らかくする運動を週2～3回、5分でいいから、やりましょう。

②素振りの効果

素振りをやって効果が出るの？　という懐疑的な人が多いのですが、案外これが役に立つのです。素振りと聞いてイメージするのは、ティグラウンドと想定した平らな場所に立って、ドライバーをガツンと振るとか、そういう本格的な素振りではありません。そもそも家でドライバーを振れる人って、どんだけ広い家に住んでいるんだってことになります。

われわれができるのは、あくまでスイングプレーンをスムーズに動かすための素振りです。ですから折りたたみ傘や孫の手とか、そんなのを持って、左右にプラプラさせるだけでも十分効果があります。

なにせ前述の知り合いなどは、上にクラブを上げたまま下りてこないのですから、そういうフリーズをする方にはうってつけです。

自分では気づかないうちに体が硬くなり、いつの間にかトップが浅くなっていたり、フォローが崩れて、ひょっとこフォローになってしまったりします。

テークバックからフォローまで、腕がスムーズに動くようにする。それだけで十分、ラウンドに役立ちます。

③セルフマッサージ

本来はマッサージ屋さんに行くのがいいのですが、時間と予算の関係で行けない人は、自分でマッサージをしましょう。実は肩が凝っていても、自分では気づかない人が多いんですよね。だから体が回らない。じゃ、どうするか。右手で左肩を揉《も》めばいいんです。逆に右肩は左手でやる。交差点で信号待ちをしているときなどに、交互に30秒やるとか。そんな日常での簡単なマッサージ、案外効きます。これを習慣化したほうがいいです。

④イメージトレーニング

風俗に行く前にエロ本を読むなら、ゴルフをする前にテレビでゴルフの試合を見るのもありです。ゴルフ雑誌を読むのもいいし、スマホでゴルフのゲームをするのもありです。今はeスポーツが五輪競技の候補になる時代です。スマホのゴルフゲームがうまかったら、いつかeスポーツのゴルフ版でオリンピックに出られるかもしれません。

ゴルフの練習ができないなら、ゴルフもどきのことに触れておく。それだけでも十分、役立つと思います。昔、枕を相手にキスの練習をしたでしょう。もどきのことでも、意欲を高める意味では、案外役立ちますよ。

講義 35

アマチュア憧れの技は、一生しなくていい

プロが使う高等技術はあくまで見るものです。やるものじゃありません

◆◆ 高望みはスコアばかりか命も危険にさらす

今回はプロの技とアマチュアの技を比較しながら、100切りゴルファーの適切なショットを研究したいと思います。

プロの技を挙げたらキリがありません。バックスピンとか、フックやスライスの打ち分け、究極は針の穴を通すような、狭い空間からのトラブル脱出ショットですか。

例えば2012年のマスターズでの、バッバ・ワトソンのプレーオフ2ホール目の10番ホール。林の中からインテンショナルフックをかけたら、なんとボールは林を抜け、大きく右に曲がり（レフティだから）ナイスオン。死闘を制したのです。あ〜いう、漫画の世界が現実に起こり得るのですね。

そういうショットをわれわれがやろうと思っても、ほぼ無理です。やはりテレビでプロの技を堪能するのが一番でしょう。

じゃ100切りゴルファーはどんなショットをすればいいのか？　細かく検討します。

①フック、スライスの打ち分け

これは基本しなくていいです。ボールを左右に打ち分けることができたら、シングルです。自分は辛うじて左右に打ち分けられますが、ラウンドではやってません。

フックボールを打てたとしましょう。じゃ次はスライスを打たねばって、そんなに器用じゃないので、簡単に切り替えができないのです。以前、そうやってフックの次にスライスをかけてみたら、またフックが出ました。アマチュアゴルファーって、こんなものですよ。

ボールの打ち分けを試みるより、毎回同じ球筋のボールを打つことを心がける、そっちのほうが大切だと思います。

裏技として、勝手にフックやスライスがかかるクラブを探して使う、という考えがあります。長くてシャフトが硬いとスライス、短くてシャフトが軟らかいとフックになる傾向があります。もちろん個体差があるので、実際何回か打ってみて、同じ曲がりをすると確認したクラブを入れておくワケです。例えばスライス用にスプーンのSシャフト、フック用に4番UTのRシャフトとかね。余裕のある方は、いろいろ試してみてください。

②バックスピン

ボールが戻るようなバックスピンは、かけようとしてもかからないのでパス。では、スピンがほどけながらやや止まる通常のスピンですが、たまたまかかればよし。狙ってはダメです。SWで打てば、そこそこ高い球となり、さほど転がりませんから、それで十分です。

スピンを試す暇があったら、SWで50ヤードぐらいを確実に打てるようにしましょう。私は、基本SWでフルショットはしません。それは難しいからです。故にバンカー越えなど、必要に迫られたとき以外、使いません。ほとんどPWで軽く寄せます。100切りゴルファーは、グリーンに乗ればオーケーとしましょう。スピンは他人のを見るだけで十分です。別にスピンをかけられたからって、モテることはないですから。

③木の後ろから

俗にいうスタイミー状態になっているボールです。木の真後ろにあるなら、刻んで横に出しますが、ちょっと離れて「邪魔になるかな〜?」程度のスタイミー状態って、よくありますよね。ボールを曲げれば狙えないわけじゃない。あるいは、低いボールを打てば、木の枝の下を抜けられるとかね。

これは欲との闘いです。うまくボールを曲げて打てればパーが拾えるかも。ですが、その確率は非常に低い。どこに刻むかを考えたほうが賢明です。コースの設計者は、刻ませるためにハザードを植えたのですから、設計者に敬意を表し、刻みです。

④ターフを取る

プロが打ったときに、草履みたいな、長い芝のめくれたやつが飛んだりしますよね。あれをやりたいと思いますが、なかなかどうして。「いやたまにあるよ、芝が飛んで、ディボット跡ができるじゃん」って、それはただの「ダフリ」です。思いきりダフったから、芝がめくれただけ。勘違いしたまま、人生終えるのも、案外幸せかもしれません。

⑤池の縁や谷などの危険エリア

ゴルフのボールって、もう少しで谷に転げ落ちるなんてとこに、よく止まりますねって、それはあなたが下手だからです。せっかく拾ったセーフ、素直にちょこんと出す程度にしましょう。危険エリアでマン振りすると、あなた自身の命がOBになります。以前、友人が凍った池に乗って、セーフだから打とうとしましたが、「おいおい、そこで打ったら、あんたが池の中だぜ」とやめさせました。冗談みたいな本当の話です。ゴルフはしょせん遊びですから、何事もほどほどにですね。

講義 36

練習場のはじで打って分かること

視界にどうしても入るネットは、ティグラウンドで迫る林だと思うようにしましょう

◆◆100切り先生は練習場で半分はアプローチに消費

たまにはマジメなゴルフの話でも書きましょうかって、いつもは不真面目なのかよ〜。皆さん、ゴルフ練習場で打つとき、どの打席で打ちますか? それぞれ好みが分かれると思いますが、個人的には1階のセンター部分が好きです。

1階で打つということは、高低差がない、つまり平らなコースと目線が一緒ってことです。2階、3階の打席からの眺めは、さしずめ打ち下ろしのミドルホールって感じですか。スカッと気持ちいい半面、予想外に飛ぶので、飛距離を読むときは、甘めになりがちです。ただ視界が良好なので、ボールのランも見え、「オレのアイアンショット、全然止まらないじゃん」と、現実を目の当たりにすることもあります。

個人的な使用率は1階が8割、2階が2割ぐらいかなあ。上の階だと料金が安いこともあるので、堅実派は2階多めでも結構です。

ただ1階でしかできない練習があります。それがアプローチです。が、そもそもアプローチ

を練習場でするのかって、話になりますよね。

私はガンガンします。２カゴを打つなら、１カゴは絶対アプローチに充てます。

「練習場でアプローチをするなんて、ボールがもったいない」「そもそも寄せは、本物の芝でやらないと、うまくならない」。そういう意見はもっともですが、やらないよりやったほうがいいです。状態のよい平らなライからアプローチをして、きっちり30ヤード打てますか？　実はなかなか寄せられないものですよ。

というわけで、ここまでは練習場の１階、２階の使い方を勉強しました。

フッカーは右端 スライサーは左端

今度は高さではなく、方向性の問題です。それでは、練習場で一番嫌いな箇所はどこですか？　個人的には向かって右端です。たいがいレフティのボックスになっていて、左利きの方と顔を合わせて打つのがしんどいです。そもそも右からフックするボールが出やすいので、打ったらすぐネットにボールが当たり、非常に嫌です。

でもでも、あえてその右端で、たまに練習することが大事だと思います。今までコースで打つときも、向かって右に樹木があると枝に当たりそうな気がして。実際よく当たるのですが。要するに「右から回して打つ」から、そうなるんですな。

そんなわけで、右端のボックスでは、手始めに修業と思ってドライバーで打ってみます。しかし、何度打っても右側のネットに当たってしまう。さてそれを克服すべきなのか？　答えはノーです。

これは自分の変えられない球筋だと思って、運命に身を委ねるしかありません。ちょっと大げさですね。一応、ボールが極端に右に飛び出さないぐらい、右のネットをこする程度の球なら十分合格点です。

ここまでは修業。本当の練習は、ドライバーを使わないティショットを想定してスプーンを打ち始めてからです。スプーンだと、割とストレートに近い球筋なので、右の壁もなんのそのです。これには個人差があるので、右側のネットが気にならない打ち方ができるクラブで練習してください。自分でもスプーンが調子悪いときは、７番ウッドやＵＴでも練習します。とにかくボールが前に進まない限りは、ゴルフになりませんから。

逆にスライス系の持ち球の人はどうするか？　もうお分かりですね、向かって一番左端の打席で打つことをお勧めします。そうそう、引っかけボールの克服にもつながりますから。

これもさっきと同様に、最初は左のネット部分に、ドライバーを当てないように打つ練習をします。そして実際のラウンドを想定し、左方向に行かないクラブで、練習してみてください。

ボールの方向は、クラブの特性、シャフトの硬さ、そして打ち方で、いかようにも変わります。ですから同じクラブで、同じ打ち方をしている限り、同じ方向にしか飛ばないのです。１００切りレベルで、器用に左右、打ち分けるなんて、できるわけないのです。

結果、同じブランドでクラブを統一している場合、同じ方向に飛ぶ傾向にあります。逆に考えれば、通常使っているクラブと違う方向に飛び出るクラブを探せばいいのです。だまされたと思って他のメーカーのクラブを試打してみてください。思わぬ方向に飛ぶクラブがありますから。

私は通常4〜5ブランドで14本を構成しています。打つフォームはほとんど一緒です。けどクラブによっては、ドローが出たり、スライスが出たり、いろいろ個性があって面白いのです。ドローやフェードの練習をするよりも、暇を見てたくさん試打する。それが、案外一番の上達の近道かもしれません。

講義 37

指を使うなら腰を使え

100切り先生が何年ぶりかに目覚め、絶好調継続中のポイントを読者の皆さまに公開いたします

◆◆パターのグリップはぎゅっと握るほうがいい!?

「指を使うなら腰を使え」と書くと、なんかとってもいやらしいことを想像してしまうのですが、ずばりこちら側の狙いどおりですね〜。アホか!

実はすごく真面目なゴルフの上達メソッドですから、しっかり読んでいただきたいです。

まず「指を使う」という表現です。個人的な話ですが、過去に実践していたのが、指を使ったパターのグリップです。パターを握るとき、右手の人さし指だけ、グリップにピタッとくっつけて打っていました。つまりパッティングは繊細な動作だから、指先の感覚を大事にして、1ミリ単位で正確にって、そもそもできるわけがないのですが。とにかく指先で方向を取っているつもりでした。

そういう打ち方をしていて、あるレッスンプロに、パターはぎゅっと握っているほうがしっかり打てますよ、といわれたのです。つまり「方向性は、指で取るよりは腕で、そして肩で取ったほうがブレない」と。そんなものかなとやってみたら、実際、そのとおりでした。たまには

プロの意見を聞くもんだなと。

最近パターグリップを替えたのですが、以前より倍ぐらい太いです。これも最近のはやりでしょうか。太いものを握ったほうが、安定感が増すというものです。

ちなみに世界で1番ぐらい太いパターグリップを知っていますか？　ドクター中松が開発したパターです。実際、ドクター中松事務所に行って見せてもらいましたが、恵方巻きの一番でかいヤツぐらい太かったですよ。太いパターの元祖は、ドクター中松だったんですね。
とまぁ、パターにおいては、指から腕へ力点が変わりました。

そうだ！腰で打つのを忘れてた

今度はショットの問題です。ショットでよくいわれるのは、「手打ち」です。「手討ち」じゃないですよ。それはお侍さんに斬り捨てられることですから。

クラブは手で打っているのだから、手打ちのどこがいけないのか？　まあ、それでも飛ぶ人ならいいですよ。でも正解は「手で打たず、腰で打つ」ですよね。ここでようやくタイトルが完成します。本来のタイトルは「指を使うなら腕を使え。腕を使うなら腰を使え」ですが、長いので縮めると、いやらしくなりました。すいません。

最近、腰を使った打ち方に、何年ぶりかに目覚めて、絶好調になりました。

それでは腰を使う打ち方のイメージとはどうか。クラブをテークバックして打つとしましょう。「ボールに当てるまでが手の仕事」です。そこから手で飛ばそうとしない。腰を使う。俗にいう下半身リードです。ボールに当てたら、腰でボールを持っていく感覚ですか。手は腰に引きずられて、ボールをすくいながら、放つ。そういうイメージですね。

ゴルフって、同じことの繰り返しじゃないですか。だから自然と自分の都合のいいように、体がズレていくのです。「飛ばそうと思うと、今までは手に力が入って「手に引きずられて腰がついていく」感じになっていたのです。トッププロですら、毎日自分のフォームがズレていないか調整します。

というわけで、知らず知らずのうちに、腰のリードを忘れてしまっていました。それから2～3回練習をしたのですが、これが絶好調で、いや～、こんなオヤジになって開眼するとは、びっくりしています。それでは、腰で打つと何がいいのか？

●疲れない

手で打っていると手が疲れます。腰は筋肉の量が多いので耐久性があります。

●シャンクが減った

手の仕事はミートのみに専念できるので、けっこううまく当たります。

●フォームが奇麗になった

手打ちだと自分でがむしゃらにフォローをとりましたが、腰打ちだと、手が勝手にフォローをとるって感じですか。

●アプローチにも使える

フワッとしたアプローチは、手で打とうとすると難しいです。腰をちょっと捻《ひね》るみたいなほうが、ミスが減ります。細かい距離感は出せませんが、まあグリーンに乗ればいいなら、これがベストかなあ。

というわけで、「ボディターン」とか「下半身リード」という表現でいわれている腰打ち。つい忘れて、リキむことが多いです。いいですか、指を使うなら腰ですよ。女性の前では、誤解を招くのでいわないようにですね。

う～ん
諸悪の根源は興奮だったのか
実感！
いやいや

第6章

メンタル&ヘルス編

講義38

うまい人と回ったときの教わり方

キャバクラ嬢を口説くようにコミュニケーション能力を磨いてうまい人の懐に飛び込もう

◆◆根回し、お世辞、人を見る目も大事

ゴルフの上手な人とラウンドするのは、100切りゴルファーにとっては願ってもないチャンスです。ぜひ上達のヒントとなるアイデアを伝授してもらいましょう。

とはいっても、うまい人が必ずレッスンをしてくれるとは限りません。ここは何かしらの策を練り、相手に心の扉を開かせるしかないです。それでは相手の心をつかむ方策を順序よく説明しますので、今後のラウンドの参考にしてください。

①まずブッキング

「今日コンペに行ったら、シングルとラウンドして、教えてもらった」。偶然そういうこともあるでしょうが、確率的には低いです。ここは人脈を駆使し、シングルプレーヤーとのラウンドを実現させましょう。現実的にはコンペの組み合わせが無難です。

シングルさんは人気もあり、人望も厚いので、幹事さんにお願いしてブッキングしてもらうのがベストです。当然幹事へのお礼は、〈大吟醸〉でもなんでもいいですから、喜ぶものをプ

レゼントして機嫌を取りましょう。

②リスペクト

上手なゴルファーに対するリスペクトを表さないと、相手も「教えてやろう」という気にはなりません。明らかにベタベタなお世辞でいいので、「ナイスショット、ドローボール憧れます～」「あのふんわりしたアプローチ、なかなか打てません」と、耳にタコができるくらいいえばいいのです。

人間、いわれて悪い気はしません。お世辞をいうのが慣れてない方は、ガールズバーに行って、さほどかわいくないコを褒めちぎります。「本当はモデルでしょ。事務所どこ？　ＡＫＢ総選挙は何位だった？」などといってれば、相手はご機嫌麗しくなります。

そうやって心に言葉を突き刺す練習をする。そこからです。

③大げさにミスをする

いつものミスですが、上手な人に分かるように、大ダフリをして「オーマイガッ！」なんていえばいいかもしれません。

見かねた上級者が、「困ってる？」なんて言い方をしてくれたらこっちのもの。「いつもこんな感じなんです」とボヤけば、次第にレッスンを始めてくれるでしょう。

④昼休みはコミュニケーションチャンス

前半の終わりごろ、7番や8番ホールで叩いて、あとは昼休みに勝負を懸けます。いろいろ上級者の理論を聞き、理にかなっているならば、昼休み後は専属の先生です。昼ゴハンをごちそうして、教えないといけない雰囲気に持ち込みましょう。

④教える側の問題もあります

逆にレッスンのスイッチが入って、猛烈に教えてくる人もいます。もはやレッスンの押し売りですね。

これはドラマ『コンフィデンスマンＪＰ』（２０１８年フジテレビ）の世界みたいなもので、こっちがレッスンをしてもらおうと仕掛けたつもりが、実は教えたくてしょうがなかった、レッスンマニアのオヤジにつかまったということ。

この場合はやんわりと、撤退するがよろしい。「今度泊まりでゴルフ合宿しようよ。みっちり教えるから」って、そんなのに行ったら、生きた心地がしません。

⑥うまいレッスンとは

教えるのが上手な人は、しっかり相手の弱点、問題点を把握して、それを理論的に解明し、的確なアドバイスができる人です。

ゴルフが上手でも、感覚的に物事をとらえている人は、そういうことはできません。「緩く握って、リラックスして、目標を見たら、あとは気持ちよく振ればいい」って、何も教えてないがな。

教えるのが上手な人は、体のメカニズムを理解しているので、「ヘッドアップですね。打った後のボールを見ないようにしましょう」とか「左右にスエーして腰が揺れてますよ。だからチョロが多いのかも」などと、的確にアドバイスしてくれます。

このように、ひと言で解決してくれる人がいたら、その人を生涯の師と思って、弟子入りしましょう。

ただ、現実にはそういう人はなかなかいません。ゴルフが上手イコール、教え上手とは限らないのですから。とにかくゴルフのスキルアップの情報や技術、ましてや自分にぴったり合う方法論などが、タダで手に入るとは思わないでください。

何事も簡単には成就しないものです。

そして本当にうまくなりたかったら、自らいろいろ動き回りましょう。家で寝っ転がって、ゴルフ雑誌を読んでいるばかりでは、決してうまくなりませんって、オレのことか～。放っといてよ！

講義 39

スランプに陥ったときの対処の仕方

宮里藍選手の電撃引退、木村もショックでした。同じ誕生日だからなおさら

◆◆宮里家のすごさを間近で見てきました

2017年の宮里藍選手の電撃引退は、ショッキングなニュースでした。「モチベーションの維持が難しく」と、すごく高いレベルでの、悩みや葛藤があったようです。われわれは、アマチュアでよかったっす。なんぼ叩いて、モチベーションが落ちても、引退はないですから。

ちなみに藍選手の誕生日は6月19日です。私と同じ誕生日だから覚えています。そして、なんと宮里優作選手の誕生日も6月19日です。兄妹同じ誕生日って、すごくないですか。このように、宮里家全体のモチベーションは高いんですけどね。

冗談はこれぐらいにして、宮里家のモチベーションの高さがうかがえるエピソードを一つ。

2001年、北海道クラシックGCで行われた日本アマの決勝、最終日前日の夕方、優作選手は約2メートルのパットを、黙々と2時間ぐらい練習していました。傍らではお父さんの優さんが、全部ボールがカップインしているのに、「引っかけた」「フェースが開いてる」と、細かくチェック。素人目には何が何だか分かりません。優作選手に話を聞くと「パット大好きな

んで、楽しいです」と、にこやかに応えてくれました。宮里家恐るべしと思っていたら、翌日見事に優勝しました。何事も地道な努力が大事ってことですね。

モチベーションの話は、やがて自分に返ってきます。われわれヘボはヘボなりに、悩みがあります。ラウンド中に、ウンコが漏れそうになったとか、そういう話じゃないですよ。

100切り先生的にもスランプはあるってことです。100を切るレベルの人間のスランプって何でしょうか？　やはり120ぐらい叩くとかですかね。致命的なのは、ショットがまったく当たらなくなることです。例えば、打つと全部シャンクになるとか。あるいは全部ヒール球で、ゴルフにならない。過去

ワタクシは上級者なので
ゴムティを打つ軌道でも判断できるのです
シール代ケチってるだけでしょ
ピキッ

にそういうことが何度かありましたので、紹介がてら、対処法を考えてみます。

◆打点シールはおまじないじゃない！

ゴルフを覚えたてのころは、ヘボゆえ万年スランプで、練習場でOBを乱発していました。打ったボールが天井直撃で、いったいどうやったら、そんなボールが打てるのか謎でした。そのときは、前にいたおっさんに「おいおい」って、威嚇されましたけど。

ですから、練習場で変なボールを打っている人は「危ないなあ」って分かります。それは30年前の自分の姿だからですね。

まったく当たらなくなったらどうするか？　理論はともかく、フェースのどこにボールが当たっているかを確認しましょう。練習場の売店にあるシールを買って、ドライバーやアイアンのフェースに貼ることが大事です。そんな古くさい、おまじないみたいなことをやる人いるの？いますよ。私は以前、しょっちゅうやってました。

最近のスランプは、5年ぐらい前ですか。全然ボールが当たらなくなり、原点に返ってシールを貼りました。

シールを貼ると、ボールがフェースのどこに当たっているか、はっきりと分かるのです。おぼろげにヒール球が出るから、ネックのほうにボールが当たっていると思っていましたが、これだけはっきりとネック寄りにボールが当たっている証拠を見せつけられると、諦めもつきます。

いよいよ矯正ですが、まずシールを見て、いろんな箇所にボールが当たって、何が何だか分からない。そういう人もいるでしょう。ネック、トウ、フェースの上部はテンプラで、フェースの下部はゴロが出やすい。まとまりがない方は、スイングが固まってない証拠です。これは当たる以前、恐らく体が支え切れない以上に振り回しているから、バラツキが出るのかなと。マン振り禁止にして、スイングの安定化を目指してください。それがダメなら、思い切ってレッスンでも受けたほうがいいかもしれません。

そして私のように、ヒールにばかりボールが当たる人、これはイメージと現実にギャップがあるからです。つまり真ん中に当てているつもりなのに、ヒールに当たる。2センチぐらいズレているんですね。ならば、2センチだけクラブの先端のトウ側に当てればいいんです。言うは容易《たやす》いことですが、それを実践できるまで、毎日通って5日かかりましたけど。

でも自分で直したとこがすごいでしょ。どんなプロも同じように打ってても、必ずズレは生じるものです。私はシールでズレを確認しましたが、皆さんもビデオを撮るとか友人に指摘してもらう、あるいはレッスンプロに見てもらうとか、客観的にズレを把握することが大事だと思います。

ゴルフは思い込みの強いスポーツ。ズレに気づかないことが、けっこう多いんですよね。

講義 40

ゴルフはメンタルが重要です

「ボーっと生きてんじゃねーよ！」。新語・流行語年間大賞は逃しましたが、常に胸に刻んでおきたい言葉です

◆◆ゴルフは余計なことを考える時間がありすぎる

ゴルフはメンタルが非常に重要なスポーツです。他のスポーツと比べて何が違うのか？　それは、考える時間が際限なくあることです。ラウンド時間はハーフが2時間ちょっと。アウトとインを足して、1日5時間弱がプレー中、すなわち「インプレー」状態です。しかし、ショット動作は、ほんの数秒、それを100回ぐらい繰り返します。

つまり4時間以上、ただ歩いているか、待っているか、お茶を飲んでいるかです。これだけ考える時間があると、プレーヤーのバイオリズムによっては、プレーが苦痛だったり、つまらなかったり、あるいはケガをしたり、体調を崩したりもします。そんなことを、プロの逸話も含めて、考察します。

①プロで悩み事がある場合

これはプレーに、もろ影響が出ますね。「ふと思い返す、悩み事」があるなら、プレー中は、その「ふと」が10回ぐらい現れてきます。いや、もう覇気がないですよ。

最近、復活したタイガー・ウッズは、腰痛がスランプの原因とされていますが、浮気がバレたりして、ゴルフができる心境じゃなかったのです。薬物中毒者みたいな風貌で、運転していたところを逮捕されたニュースが伝わっています。よくぞ、あそこから復活しました。すごいですね。

日本では、片山晋呉選手が２０１８年夏ごろから試合に復帰しました。プロアマ騒動後の試合は、途中休みを入れたにもかかわらず、パッとしませんでした。技術的には申し分ない、立派な方ですが、精神的にちょっと滅入《めい》ったのでしょう。

②アマチュアの悩み事

アマチュアで悩み事がある場合、別に予選とかないですから、ただ叩くのみです。

むしろ、もっと深刻な問題が生じます。考え事をしていると、同伴プレーヤーのショットを見ませんし、ただ機械的にボールを追いかけているだけですから、ボールが当たる恐れがあります。あるいは周囲を見ず、前の組に打ち込んだりと、事故の確率が高まります。

これは、同伴プレーヤーに「今日、ちょっとボーっとしているから、よく見張っててください」と、頼めばいいのです。けれど、ぼんやりしている人が、そんな頼み事をするわけないですよね。気が利く人が、同伴プレーヤーにいることを、祈るのみです。

③気が抜けた人がやらかすこと

ゴルフは注意力と集中力が大事です。同伴メンバーに気を使うのは当然で、他に注意すべきは、芝、クラブ、キャディ、天候、マナー、ルールなど際限がありません。それをおろそかにすると、こんなことが起きます。

●ドライバーを持ち、セカンドショット地点へ。打つときに、クラブの間違いに気づく。

●ポケットに手を入れて歩き、転んで捻挫《ねんざ》する。以前、私はこれをやって、全治1カ月の捻挫をしました。

●砂のついたボールをパターで打ち、よろよろの転がりとなる。ほんと砂を取ってよね。

●打ってはすぐカートに乗って歩かない。もう歩く気力がないんですね。カート料金を払っているから問題ありませんが、せっかく来たのですから、少しは歩きましょうよ。

●打順を忘れる。バンカーショット後のレーキならしも、おろそか。ちゃんとしよう。

●最終的にはパターがいいかげん。ラインを読みもせず適当に打って、すごくオーバーかショートして、また何も考えず打って、4パットがざら。もちろんスコアなんかつけてませんよ、このクラスの人は。つけてても最初の3ホールぐらいじゃないですか。ちょっと、どうしたのって感じです。

もはやこうなると、注意してあげるべきか、そ〜っとしてあげるべきか、悩みますね。

④逆に心身ともに絶好調の場合

好調な方は、最近夜遊びに行った武勇伝をひけらかし、同伴プレーヤーもそれに負けじと、応酬します。そこで高笑いが起きて、そのよい雰囲気のまま、ドライバーをかっ飛ばすとバカ当たり。

「金持ちケンカせず」という言葉があるように「好調者は、みんな仲よし」という感じで、ナイスプレーの連続です。その勢いのまま、プレー後、また夜の街へ消えていきます。

どうです、ゴルフってメンタルが大事ですよね。そもそもゴルフ会員権なるものは、人生が絶好調だから買うわけです。ということは好調者がコースに集うのです。

ただ長い人生においては、ウッズのようにアクシデントにより、絶不調に陥ることもあります。われわれはそもそも、100切りレベルですから、ゴルフの不調が続いたら、少しゴルフを休むとか、回数を減らすことも、大事かと思います。

講義 41

ボールが逸れた。すかさず「ファ～」がいえたら一人前

「この中で自分が一番マシじゃない？」と思ったら、心の中で自分をエチケットリーダーに任命すべし

◆◆最近の若者ゴルフはマジで「ファ～」がない

以前、グリーン上でのパットで「オーケー」をいえたら一人前と書きましたが、今回は、危機管理の観点から「ファ～」と叫べたら一人前というお話をしたいと思います。

生まれて初めてゴルフをして、突如キャディさんが「ファ～～」と大きな声を出したときは、びっくりしたものです。でもそれから、ボールが曲がって隣のホールに行きそうなときには「ファ～」と叫ぶようにしています。

しかし、最近の若者ゴルフは、マジで「ファ～」がないんです。ですから、茂みの辺りから「ガサッ！」と音がすると、どこからともなくボールが飛んできて、非常に危険です。何で、こんなことが起こるのか？　これは、最初からセルフプレーでデビューしているから、「ファ～」をいうことを知らない。あるいは知ってはいるが、気後れしていえなくなり、結果、ボールが隣のホールに転がってしまうのです。

「ボールが転がってきた。どっからだ」と待っているが、打ち込んだヤツが現れない。どうし

たのかと思って様子を見るや、さすがにバツが悪かったのか、ビビってボールを拾いに来ないでやがんの。そういう輩《やから》もいます。

他のマナーはともかく、これはケガや事故につながる問題ですから、しっかり声掛けしましょう。若者だけでなく、ベテランでも横着してか、いわない人も意外にいます。人の振り見てわが振り直しましょう。

正しい「ファ〜」の出し方ですが、まず自分のパーティの仲間を見ましょう。キャディさんがいるなら問題ないですが、セルフプレーのときは、エチケットリーダー的存在の人が、たいてい「ファ〜」をいいます。

自分よりうまい、人格者的な人がパーティにいれば、その人が声を掛けるはずです。彼が「ファ〜」といったら、即座に呼応し、オオカミの群れの遠吠《ぼ》えのように叫びましょう。

◆◆できれば自分よりうまい人と回るのがラク

問題は、自分が一番まともなプレーヤーだと気づいたときです。残りのメンバーは、声掛けなんてする余裕は、なさそうだなあ。そうなったら、自ら心の中でエチケットリーダーに就任し、パンツのひもを締め直し、1ホールごとに気合を入れて、周囲を見なければなりません。

自分より下手が3人というパーティでは、ほぼ100パーセントの確率で、ボールがあらぬ方向に飛び出します。これはプレー以外にエネルギーが割かれます。だから常々いってますが、100切りレベルのゴルファーは、自分よりうまい人とラウンドすべきなのです。下手同士、肩寄せ合ってプレーをしていると、ロクなことがありませんよ。

基本的なことを書きますが、自分がエチケットリーダーとなったら、全員の打ったボールを目で追わなければなりません。誰もボールの行方を見ていないと、そもそも左に行ったのか、右に行ったのかさえ分かりませんから。ボールの落ち際をだいたいでいいから確認しておくべきです。そのとき、大きくボールが逸《そ》れたら、「ファ～」です。だから自分が打ち終わったからといって、スマホをいじってキャバ嬢にメールしている暇はありません。

さて彼方《かなた》へ行ったボールは、どう処理しましょうか。この場合、打った本人がのらりくらりしていることがけっこうあります。何でおまえのボールのために、こっちが走らねばならないのだと。そういうときは決して怒らず、ゴルフとは不条理なスポーツだと思って諦めましょう。

さて隣のホールに行ったなら、白杭《くい》や黄色杭を確認して、OBや1ペナの処置をします。ボールが見つからないと、厳密にはOB宣言はできませんが、そこは臨機応変に対処しましょう。プライベートのラウンドは「推定OB」や「ロストボール」ということで、同伴メンバーと協議し、「2ペナで前から」などと、処理すればいいと思います。

問題は隣のホールにあるボールがセーフの場合です。しかも隣の組が現在プレーをしている。これは厄介です。だって隣の組のプレーが終わるのを待たねばなりませんから。時間は刻々と過ぎていきます。同伴メンバーはみんなグリーンに乗っているし。焦りまくりです。そんな状況で、起死回生のリカバリーショットなど打てるわけもなく、樹木に当たって、キンコンやるのが関の山です。

見つけたボールを打つのがしんどそうだったら、1ペナ扱いにしてもらって、こっちのホールに持ってきて打ってもらいましょう。アマチュアのアベレージゴルファーは、プライベートなラウンドではすべてルールどおりにやる必要はないと思います。多分トランプ大統領なら、「ノーペナでこっちで打ち直せ」というんじゃないですか。これがセルフプレーで、スピーディーにラウンドするコツだと思いますね。

講義 42

100叩きはどうして起きるのか？

1ホールに1回のミスは仕方ない。でもそれがボギーではなくダボになるのはなぜなのか？

100叩きを夜の活動でたとえると

皆さん、それなりに長くゴルフをやっていて、そこそこの腕前ながら、なにゆえ100を叩くのでしょう。去年も1回だけ、かざま先生と一緒に100を叩きました。ほんと仲のいいとでで。なぜいつまでたっても100を叩くかは、「アマチュアゴルファー、永遠の謎」ですねって、そこまでいうか。

今回、100を叩くメカニズムと、精神状況を考察してみました。今後の100切りの参考にしてくだされば幸いです。

まず100を叩く感覚、というか、どの段階で「今日は100叩きかな〜」って認識するでしょうか。それは、かなり前、つまり2〜3ホール目、あるいは難しいと評判のコースなら、プレー前から100叩きが決定しているのかもしれません。

例えば、難易度が高くて有名な、ピート・ダイ設計のコースでのラウンド。しかもレギュラーティじゃなくて、バックティでやるのですから、叩くのが決定していますね。ボールを多めに

用意しましょうか。

似た状況を夜の会食でたとえると「今日はオレのおごりだから、どんどん飲もう」といったら、後輩は居酒屋じゃなくてキャバクラの前でニコニコしていた。すでに散財が決定しているじゃん。こんな感じですか。

ゴルフのプレーでは、スタート3ホールでつまずくと、お先真っ暗です。ダボ、ダボと続き、3ホール目でトリプルになると、暗雲が立ちこめます。1ホール目はアプローチでチャックリ、2ホール目はドライバーを曲げた。必ず1ホールに1回、はっきりしたミスがある。でも、1回のミスならボギーで済むはずなのに、ダボになるのは、100叩きゴルファー、お約束の技です。

◆◆ハーフ50はいつの間にか打っている

さらに、ミスとはあまり認識されないミスが追加されます。例えば10メートルのパットをちょっとオーバー、その返しが入らず3パットとかね。これでトリプル決定です。

さっきの後輩と行ったキャバクラのたとえを続けると、かわいい女のコが席に着き「ドリンク飲んでいい?」と聞かれ、「いいよ」といってしまい、予算オーバー。そこに後輩が調子こき、「先輩、このコ、フルーツを食べたいそうです」と、追い打ちをかけます。これで大叩き決定じゃん。叩いたスコアの代わりに、水商売の世界では大散財が待っているわけですが。

このように、実際のプレーでもじわじわと真綿で首を絞められるように、ハーフ50を超えていく。もうあかん、51も叩いて前半終了。あっという間に、昼休み突入です。

叩いたときの、切り替えのチャンスは、やはり昼休憩です。けど多くの人は、よせばいいのに、ビールをがぶがぶ飲んでやけ酒ですか。「ウエルカム大叩き」とばかり、午後、見事に討ち死にします、ア～メン。かといって、昼休みに練習しても、さほど意味がないです。何回か泣きながら練習をしましたが、焦って疲れるだけでした。

ここは、一つでいいから、作戦変更をしましょう。ドライバーが曲がるなら、ショートウッドでティショットしてみるとか、アイアンが曲がってばかりなら、強く振らない、あるいはUTを多めに使うとかね。

要するに「パターンB」「パターンC」という、従来と違う戦法をいくつ持っているか、そういうことだと思います。

仕事柄、クラブ５本とか７本、ひどいとたった２本で、ラウンドをしたことがありますが、案外プレーできるんです。つまりドライバーなんか使わなくても、１００は十分切れる、と体験的に分かっているんですね。

叩く人は、最初の自分の戦法「パターンＡ」しかできない、ということです。

１００を叩くって、たとえが悪いですが、船が次第に沈んでいく感覚、みたいなものですか。分かっているけど、どうしようもない。思わずコースから逃げ出したくなる、ってそれじゃ、スコアそのものが書けないじゃないですか。

最終的には、１００を叩いても命を取られるわけじゃない。たかが遊びだから、と開き直るしかないです。でもプレー的には、叩きながらも一生懸命やるのがよろしいかと思います。じゃないと今度は、１１０を叩く危険性が待っていますから。

１００叩きを観念したら、それはそれで、すがすがしいものがあります。今後、年を取ると、どんどん下手になって、頻繁に１００を叩くでしょう。そのたんびに、ため息はつけません。予行演習として１００叩きに慣れておきましょう。

あと、叩いたら必ず１週間以内に練習すること。一番叩いたギアをあらためて打って、矯正する。これが一番、上達の近道のようですぞ。

講義 43

知らぬがホトケ

100切りレベルにはだいたいの情報が、ありがた迷惑。余計なプレッシャーをかけるだけです

◆◆池は見えたほうがいいのか見えぬほうがいいのか

今回は「知らぬがホトケ」という言葉を引き合いにレクチャーをしますが、内容はだいたい察しがつきますよね。

100切りレベルのゴルファーには、ハザードやOBなどの情報をあえて教えないほうがいい。そういう考えです。

どういうことかというと、以前メンバーだった千葉の鶴舞CCを例にして説明しましょう。鶴舞CCの西コースの18番ロングは、左右が池で非常に難しいレイアウトになっています。ただビジターから見ると、フェアウェイが低く左右が小山に囲まれているため、池が見えないのです。

だから100切りゴルファーの人に対しては、まったく何も教えずにプレーしてもらいます。そのほうが余計なプレッシャーがかからず、いい成績が残せるのです。

逆にシングルクラスの人には、左右に池があるといいます。後で「何で教えてくれないんだ」

といってきそうですからね。

ちなみに鶴舞CCの設計は、名匠・井上誠一ですが、彼の設計は隠しハザードが多いのです。個人的には「見えない池を造ってどうする?」と思いますが、井上誠一ワールドでは「ハザード」というよりは「トラップ」という概念で造っているんじゃないですか。だから気づかないプレーヤーが悪いんだと。もはや忍者屋敷に潜入して、罠《わな》に引っかからずに無事帰ってこられるかぐらいの勢いです。

ちなみに鶴舞CCの東コースの1番ミドルは、オーソドックスなやや左ドッグレッグのレイアウトですが、グリーンの後ろと左はすぐOBです。しかも2グリーンなので比較的小さめですから、昔はこぼして、よくOBになっていました。スタートホールからだますんだから、井上誠一は恐ろしや~です。

そんなわけで、ラウンド中、コース情報を全部教える必要があるのか、甚だ疑問です。他にも「知らぬがホトケ」的なことがあるので、列挙したいと思います。

①谷を覗き込まない

谷越えホールを、記念にとばかりに覗《のぞ》き込む人がいますが、かえって恐怖心を煽る結果となります。「ここに落ちたら、死んじゃうよな」って、何で自分が落ちるのを想像する？　落ちるのはボールでしょ。ティグラウンドから谷底が見えない場合が多いので、「ちょっと大きめに打とう」ぐらいのアドバイスで十分です。

②左右OBだから気をつけて

左右のOBを、どう気をつければいいでしょう？　絶体絶命感、漂いますよね。左右OBといわれるから、緊張して叩くのです。むしろ何もいわないで「気持ちよく振って」とアドバイスしていただければ十分です。

③あのバンカー出なくてさ～

ほんと余計なことを、いわないでほしいですよね。いわれない限り、難しいバンカーの存在など気づかずにやり過ごせたのに。バンカーの危険さを指摘されると、アゴの高さが気になってしまう。揚げ句、吸い込まれるように、バンカー直撃してしまうんですな。昔からいわれているでしょ。「ロックバンドをやっている不良に近づくな」と、お父さんがいえばいうほど、娘はむしろ惹《ひ》かれてしまう。それと同じって、ほんまかいな。

④ここで人が倒れたんだよ〜

健康管理は大事ですが、熱中症で倒れて救急車を呼んだ話をされても。さらに「このホールでティを刺した瞬間、倒れた人がいて」って、もはや怪談ですよ。

夏場のゴルフは、ペットボトルの水を2本以上持って、もしなくなったら、友達にもらうぐらいのことをしないと。「あと2ホール我慢したらお茶屋だ」、そういう考えが命取りになります。加えて帽子着用です。帽子をかぶると蒸れてかえって嫌だという方、実は私ですが。そういう人間は、日傘を差すのがよろしいですよ。故に晴れていても、カートに傘が積んであるか、確認しておくのも大事です。

⑤さっさと打ってよ

いつも最強の4番打者って、ゴルフは一番下手が4番目に打つから笑えますが。でも珍しく自分がオナーだったりする場合があります。そういうときに限って、心の準備をしていない。促されるままに打って、OBになることがよくあります。

これは2019年の新ルール、打順はフリーでいいのを採用し、「すいません、ちょっと準備不足で、打てる方、先に打ってもらえませんか」と、いえばいいのです。

「しょうがないな」といいつつも、誰か打ってくれるでしょう。ゴルフは焦らずが肝要ですね。今年も猛暑は長そうです。余計なことを考えず、命を大事にプレー、これマジですよ〜。

講義 44

全部のクラブが調子いいことはまずない

いくらエースが城彰二でも、信頼できるカズを手元に置いといたほうが安心よ

ドライバーが〝そこそこ〟の当たりすらしなくなったら

ゴルフのラウンドをして、全部のクラブが満遍なく働いてくれることは、まずないです。むしろ逆で、ここぞと期待していたクラブが、いざというとき全然ダメだったり。ダメといっても、自分の打ち方が悪いわけですけどね。まあ、それをいっちゃ、おしまいになるので、叩いたのをクラブのせいにするわけです。

最初にドライバーでティショットするでしょう。これがそこそこ当たればいいけど、当たらないと、皆さんどうしますか？　当たらないまま使い続けますか？　これは非常に難しい選択ですが、頻繁に１００を叩いていたころには、サブのティショット用クラブを代わりに使っていました。

今のサブクラブは、スプーンか5番ウッドですが、当時はそっちのクラブのほうが難しくて、それらに替えたほうがもっと叩きました。ドライバーがダメなときは、思い切ってウッドをやめ、ロフト角19度ぐらいのＵＴを使っていました。当時ドライバーで２２０ヤードの飛距離、

一方ＵＴは２００ヤード未満の１９０ヤードぐらいですか。でもね、１９０ヤード飛ぶクラブを2回打てば、３８０ヤード飛ぶんですよ。だから長いホールは、19度のＵＴ１本で、グリーン周りまでプレーしていましたよ。

ゴルフクラブをサッカーにたとえれば、あなたはクラブ選びを自由にできる、日本代表の監督みたいなものです。ドライバーを信じ切って、曲がってもダフっても使い続ける姿は、ワールドカップフランス大会で、岡田武史監督が城彰二選手を使い続けて、結果を出せなかった姿に酷似しています。いや〜、実はフランス大会のグループリーグ会場、トゥールーズまで見にいったんすよ〜。

やはり心を鬼にして、城選手的なドライバーを封印するのも、一つの手段かなと思います。

実際、そんなにしょっちゅうＵＴでティ

ショットは打ちません。けど、最悪その手があると覚えておけば、精神的にすごく楽です。保険のクラブは、必ずキャディバッグに入れておきましょう。そういう意味で、飛距離は落ちるが安定度抜群のUTは、当時の三浦知良《かずよし》選手でしょう。だから、フランス大会で三浦カズを外すんじゃないってば。あの采配は、結果的に失敗でしたね。

かたくなに同じものを使い続ける岡田イズムは、時として心中状態となり、大叩きの原因となります。そういうときは、心をドライにして、ポンポンクラブを替えることを勧めます。クラブはモノですから、クレームはいってきません。道具にそんな気を使っていては、日本代表の監督にはなれません。

ハリルホジッチ監督を見習いなさい。世界の香川真司や本田圭佑レベルでも、パフォーマンスが悪いと招集しませんでしたから。

◆◆アイアンでアプローチしたほうがやさしいときも

というわけでティショットの次は、セカンドショット。これは皆さんやっているように、長いクラブが当たらなければ、やや短いクラブで戦うしかありません。180ヤード飛ぶクラブが調子悪い、そういうときは150ヤード飛ぶクラブに替えるしかないのです。そんなに刻んでばかりじゃ、ゴルフにならないといいますが、われわれ100切りゴルファーは、ボギーがパーなわけです。ミドルホールなら3オンで十分、あるいは4オンでいい場合もありますからね。

けっこう厄介なのがアプローチです。残り70～80ヤード、これはピッチングなどのウェッジ類で打つしかないです。しかもバンカーなどのハザードを越える場合があり、高く上げなければならない。つまり替えるべきクラブがない、そう思ってしまうのです。

けど毎回ウェッジ類でダフったり、トップをしていては、スコアになりません。じゃ、どうしたらいい？　実はウェッジの代わりは、９番や８番アイアンがしてくれるのです。８番アイアンで、70ヤードのアプローチをしたことがないでしょう。やってみましょう。驚くほど簡単ですから。実際私は、ロフト角40度のＵＴ、これが８番アイアンと同じロフト角なので、重宝して打っています。

ウェッジは、けっこう強く打たないとボールは飛びません。ＳＷで70ヤード打つと、ほぼフルショットになります。だから力を入れすぎてミスをする。ところが８番アイアンで70ヤードだと、時計の３時から９時の振り幅で打つ、ハーフショットで十分です。あれっ、と思うほど楽ですから、ぜひお試しあれ。

ただぴったしカップに寄せるのは難しいです。グリーンに乗ればよしのショットになりますが、そこはもともと、乗ればいいゴルフをやっているので、気にしないですよね。

講義 45

一回アドレスをとって、やめる勇気

「嫌われる勇気」のアドラー心理学は、ゴルフと相性がいいことを100切り先生は発見しました

もしもアドラーがゴルファーだったらこういうね

今回は「嫌われる勇気」で有名になった心理学者、アルフレッド・アドラーのお話を基に、アドレスのお話をします。難しい話はタイトルだけで、内容は簡単ですから、ご心配なく。

というわけで、偉大なる心理学者、アルフレッド・アドラーが、もしゴルフを極めたら、きっとこんなことをいったと思います。

「ゴルフのミスショットの原因はすべて、ライの状態を、完全に見ないからである」

つまりスタスタと歩いて、何げに打つから「ラフが深い」とか「左足下がり」だとか、「泥のついたボール」など、ライの細かい部分を確認しないで打ってしまう。故に、あらぬ方向にボールが飛び、ミスをするのだと。

それでは、どうしたらいいか？

「一回構えてから、アドレスをほどく決断が必要です」

うむ、確かに。いってることは分かります。けど、そんなことをしたら、同伴競技者から「遅

いなあ」とか「面倒くさいやつ」といわれますよね。そこで、そんな風評被害をものともせず、己の信念を貫き通してほしいのです。アドラー先生もいってるでしょ。「嫌われる勇気」が必要だと。

フクモトくん
オソ～イ!
スイマセン!
アドレスが
しっくり
こなくって
この慎重さ
です!
かざまさんに
欠けて
いるのは
これぞ100切りの
大事な心得!!

アドラー心理学では「他人に好かれなくていい」という教えをしています。

結果「嫌われてもいいぐらいの気持ちで、生きていたほうが楽」というのです。

これって、図太い神経を持ったゴルファーの心理状態とマッチします。例えば松山英樹選手は、スロープレーで何度か注意されています。同伴メンバーから見れば「一緒にペナルティを科される危険性」があり、好まれないかもしれません。けど勝負に勝つためには、そんなのお構いなしに、自分の納得いくプレーを、時間をかけてやりたいのです。というか、やった者勝ちです。

ここまでがプロの話。われわれアマチュアが毎回アドレスを仕切り直すと「遅いし下手だし、もう2度と一緒に回りたくない」といわれるのがオチです。

◆◆スロープレーにならず仕切り直すには

というわけで、善後策を提示します。ゴルフは、丸1日、5～6時間をかけてプレーする割には、ショットの数は100回程度です。多くは移動ですが、次に多いのが待ち時間です。それは前の組が詰まっている、あるいは、同伴競技者のショットの順番を待っている、そういう時間が山ほどあります。

そんな余裕あったっけ？　ありますよ。こっちは待っている間「昨日、飲みに行ったら、すげえかわいいコがいてさ～」とか、与太話ばっかりでしょ。その時間を利用しなさいと。

われわれが打ってから、セカンド地点に行ったとしますよね。そこでまず「誤球」してないか、ボールを確認します。そこからライを見て「ちょっと芝が薄いな、ボールは上げにくいから、転がってもいいように、UTを使おう」なんて考えます。

しかし、その判断までだと50点です。まだ時間はあるので、実際に打つ瞬間を想定し、構える必要があります。これですよ、大事なのは。

実際に「打つモード」になってください。ただ見ているのとは違った世界が開けてきます。まず正確にスタンスをとる。さすれば「うん？　微妙にツマ先上がりになっている」そういう発見もあります。そういうときは、グリップを指2本分ぐらい通常より短く持って対処します。さらによく見ると、小さな石がボールの進行方向にある。これはルール上取っていいので、除去します。同様に直接地面を見ると、その周辺だけややぬれている。朝露か小雨の跡か知りませんが、大してボールは飛ばないかも。1番手大きめにして、コンパクトに打つか。

あれこれ処理すべき案件が山のように出てきます。もちろん、複合傾斜などの非常にややこしいライは、なおさらです。直接スタンスをとって、チェックし、それでも不安だから、半歩下がって素振りをしまくり、長いラフを振り切れるかなんて、やってみないと。

私はアプローチで持っていくクラブは、3〜4本と多いです。転がしか上げるか、その場に行かないと判断できないからです。

そうやって、スタンスをとってから、打ち方を考える。それを「現場力」といいます。ぜひとも、皆さん、ボールの前であれこれやって、現場力を培ってください。

結果、たまたまスタンス確認を怠ってしまった。それは仕方ないです。打順がきてから違和感を感じ取ったら、スタンスをほどき、仕切り直しましょう。「ゴメン、目にゴミが入った」とか、いってればいいのです。己の信念とマイペースの精神が、100切りにつながる、そういうことですね。

講義 46

マンネリになっているゴルフの解決策

パンツのひもを締め直して本格的にゴルフシーズン突入！　でも、スコアがついていかないよ……

◆◆ 100切りの連載だけど本音は80台も出したいよね

ゴルフ雑誌の読者の多くは、50歳以上といわれています。われわれは同じ世代の同志です。というわけで、皆さんゴルフを始めて20年ぐらいたつ人が多いですよね。毎年4月から、パンツのひもを締め直して、ゴルフシーズン突入ですが、やはりマンネリになってくることは否めません。

気持ちはしっかりして、やろうとしているのですが、スコアがついていけてない。毎回「ギリギリ100切った」ぐらいのゴルフを、せめて「ギリギリ80台が出る」ぐらいのゴルフにしたいものですね。

理想は個別指導をしてくれる「ライザップゴルフ」などに行き、技術向上とやる気を注入してもらえばいいのですが、小遣いに制限がある人が多いですからね。さりとて、練習をしても、その練習こそが一番のマンネリです。どうしたものかと頭を抱えますね。

というわけで、気づかずにマンネリになっている、ゴルフの対処法を検討します。推奨プランを考えたので、参考にしてみてください。

①細かくニギル

ゴルフにおける賭けは刑法で禁じられていますが、ストロークプレーで昼食程度のやりとりは、例外として認められています。ですから、昼食代に充てるために1ホール100円のホールマッチを同伴メンバーでやればいいのです。うまい人とはハンディを決めて、難易度の高いホールから順番にハンディをもらいます。

　すると1ホールごとに気合が入りますよ。たとえ100円でも、勝負となるとがぜん燃えます。しかもホールマッチは、1ホール大叩きしても

単なる負けですから、尾を引きません。逆にハンディホールは、こっちがボギーでパーになりますので、チャンス到来です。気づくと自分が、「WGC－デルテクノロジーズ マッチプレー」に出場している気分になって、すこぶるハイテンションになります。

②同伴メンバーを代える

いつもと同じ、仲よしメンバーでラウンドをしているから、マンネリになるのです。ここは、ツテを頼って平均80台で回っている人のラウンドについていきましょう。そこで、アプローチなどを学び、大いに参考にしてください。質問すれば、うまい人は喜んで教えてくれますから。

女性をパーティに入れるのも、いいかもしれません。女性と一緒にラウンドするとどうなるか？　不思議なもので、恥をかけない、と一生懸命練習をします。年を取っても、異性に対する見栄《みえ》ってあるんですね。だから気づかずにうまくなります。中には、途中で便意を催し、野グソをしたら恥だから、前の日から食べない人もいます。ダイエットできて一石二鳥って、ほんまかいな。

③新しいギアを導入する

実は最近、新しいギアを導入して、調子がいいのです。こんなに「ゴルフをやりたいな」と思ったのは、10年ぶりぐらいですか。

一番変化したのは、ドライバーを高反発に替えたことです。飛距離は20ヤードぐらいアップしましたか。あと、それにも増して、方向性がよくなったのです。あまりミスをしなくなった。

だから攻めやすくなりました。

加えて細かいマイナーチェンジをしました。バンカーショットがあまりにも下手なので、通販で売っている「一発脱出モノ」のデカサンドを導入しました。以前から持っていましたが、だんだんシャレにならない状態になったので、使い始めたら、マジ一発で出ます（講義20参照）。

以前はバンカーにボールを入れると、「嫌だなあ」とか「頼む、1回で出て」という感じでしたが、今は「どれどれ、オレの華麗なバンカーショットを見せてやろうか」みたいな感じです。すべて一発で出るとは限りませんが、以前より相当マシになりました。

④予算縮小の方は小物を買う

すべての人が、やる気を起こすためにドライバーを買うというのは、現実的ではありません。予算縮小でも、小物を買えば、それだけでやる気が出てきます。

例えば「飛ぶボール」の類いです。高反発で月例などの競技には使えませんが、通常のプレーでは支障はありません。普段より5～10ヤード飛んだだけでも、うれしいじゃないですか。実際使ったことがありますが、すごく飛びますよ。「でも、スピンがかかりにくいよね」なんていう人がいますが、１００切りゴルファーは、そもそもスピンをかけないでしょう。われわれにはスピンなんて関係ない話です。

ほかにもティやマーカー、ポロシャツ、キャップなど、なんでもいいです。「これ使ってみよう」と思ってラウンドに臨めば、ゴルフはすこぶる楽しくなりますよ。

講義 47

教え魔には気をつけよう

教え魔になる誘惑を断ち切り、悟りの境地に達した100切り先生。周りが叩いても地蔵に徹します

◆かくいう100切り先生も昔は教え魔でした

ゴルフをやっていて、突如、尋ねてもいないのに教えだす人がいますよね。あれはいったい何でしょう。かくいう私も、その昔は、下手な人を見ると、教えたくてしょうがなくなり、うずうずしたものです。

とある日のラウンドで、知り合いがOBをかましたときなどは、待ってましたとばかりに、「右を向いてたよ～」なんて、軽くジャブを打ち、「そうですか。ありがとうございます。初心者なんで、気づいたことがあったら教えてください」なんていわれた日には、天にも昇る心地で、レッスンのマシンガントークを、炸裂《さくれつ》させるのでした。

今は、そんなことないですよ。周囲でどんだけ叩いても、地蔵のように黙して語らず。人にはそれぞれ、事情がありますから、余計なことはいわない。もちろん、ごく近しい友人が「最近アプローチ寄らなくて」といってきたら、アドバイスしますけどね。

ゴルフには、やたら「教えたがる人」がいますが、どんなあんばいなのか検証してみます。

①マウンティング

勝手に教えてくる人は「オレはおまえよりうまい」あるいは「おまえより、ケンカが強い」「社会的に立場が上」といいたいのです。

過去最高のマウンティングは、静岡のリゾートコースの練習場で、プレー後、友人たちと練習会をしていたら、ワケの分からぬおっさんがやって来て「オイ、そこのメガネ、何ぐだぐだいってんだあ」ですからね。思わず7番アイアンで殴ろうと思いましたが、ぐっとこらえて、オヤジのご高説を伺いました。しかも、いってることがまったく理解できず、案外下手かも。多分、威張りたかったのでしょう。

②教える側は自己確認している

例えば教える側が、「スライス防止に、グリップをストロングにしたほうがいいよ」と、いったとしましょう。実は、その人が常日ごろ心がけていることなのです。だから、相手にいってるふりをしつつ、自分自身に言い聞かせている、そう理解してよろしいと思います。

教えるふりをして自己確認ですから、たまりませんよね。あるいは知識自慢ですか。いずれにせよ、言い放って、「あ〜気持ちいい」で終わりで、相手がその後、どうなるかは、まったく考えていません。

③教わる側は話半分で

さて100切り先生的立場で考えますと、教わるケースがほとんどじゃないですか。その中で、すごく役立ったケースは、10回に1回ぐらい。他人にコースで教わるのはせいぜい生涯で10回ぐらいでしょうから、ほとんどが役に立たないアドバイスばかりです。

しょせんヘボ同士の、教え合いですから、さほど効果的とは思えません。しかも、プレー中のアドバイスは、マナー違反です。

そこを差っぴいても、プレー中に何か教わって、即試したらバーディ連発だったとか、そんなことあり得ないでしょう。おまえら、ゴルフ舐《な》めとんのか〜。

われわれも理屈では理解していますが、皆さん、実践できないで悩んでいるのです。100切りレベルの腕前では、むしろ混乱するだけかもしれません。

だからシングルクラスの人が、プレー中にアドバイスすることは滅多《めった》にないのです。相手の気持ちが痛いほど分かる。そっとしてあげているのです。

④究極のアドバイスとは？

その人は、一流大学を出て、オシャレで仕事もできて、女性にモテる人でした。けどゴルフに関しては全然ダメで、しかもへんてこなスイングをしているのです。叩いてばかり。へんてこじゃ、私も負けませんが、こちらは一応80台もたまに出ますからね。

さてどうしたものか。いろいろ考えた揚げ句、プレーの終わりごろに、「これは急にどうなるものでもないから、ちゃんとお金かけてスクールに行くとか、レッスンプロに見てもらうとかしなさい」といったのです。「他は完璧でカッコいいので、もったいないよ」と添えて。そしたら、その人も気にしてたらしく、神妙に納得していました。

何年かたって、久々に会うや、すっげえ奇麗なスイングで、うまくなっていたのです。あのとき、心を鬼にしていってよかったな、と思いましたね。

そんなわけで100切りの心得としては、いきなりコースでレッスンを始められたら、やんわり聞き流しましょう。

心の奥底から、あなたを思っていう言葉は、この二つです。「レッスンに行け」と「ゴルフ向いてないから、ニギリはなしだね」です。もしそういわれたら、憤慨せずに、謙虚に対応しましょう。

講義 48

言い訳だらけのゴルフを考える

100切りレベルのゴルファーにとって、言い訳は自分の精神的バランスを保つ処世術かもしれません

◆ただ体が動かないのとイップスを一緒にしない

ゴルフって何かっていうと、すぐ言い訳をしますよね。打ったボールがショートすると、「アゲンストの風がきつかった」って、おいおい、風がビュービュー吹いているのは、誰でも分かっていることでしょ。

100切りレベルのゴルファーにとって、言い訳は自分の精神的バランスを保つ、処世術かもしれませんがね。

というわけで、数ある言い訳を紹介し、分析してみましょう。

①「イップスなんだよ」

イップスとは精神的プレッシャーなどによって、体が動かなくなることで、プロのパット、あるいは法外なニギリをしているアマチュアに多く見られます。われわれのイップスは、単に体の関節が硬くなって、クラブが下りてこない、なんてことがよくあります。

油を差してないロボットみたいなゴルフをしても、楽しくありません。ここは1回休んで、

心身ともにリフレッシュなさったほうが、よろしいんじゃないでしょうか。

②「おまえがＯＢだから、俺も〜」

同伴競技者がＯＢをして、さらに自分もＯＢになることがあります。因果関係は不明ですが、「ＯＢの連鎖」って案外あります。これは俗にいう「連れションＯＢ」というやつです。妙にホッとするというか、「あいつもＯＢなら、オレもＯＢにつき合うよ」って、別につき合わんでもええがな。

つまり「マイナス要因は伝染する」ことがけっこうある。それは、簡単にマネできるからです。逆に同伴競技者がいい当たりをして、ナイスショットが伝染した、そうい

ということは稀《まれ》です。ナイスショットをみんな続けて打つのは、100切りレベルでは至難の業ということですね。

③「穴が閉じちゃった」

同伴競技者が1メートルのパットを沈めました。こちらは約90センチのパット。しかし、くるっとカップに蹴られてしまいます。そういうとき「穴が閉じちゃったじゃないか」と、言い訳しがちです。実際、カップの穴が閉じることはありません。これを続けて入れれば「穴を広げてくれてありがとう」となります。要するに、他人が入れた穴が嫌なのか、同じ穴に入れると、逆に興奮するのか？　好みの問題ですね。そういうこと！

④「最近スランプでさ」

それをいったらおしまいです。だいたい100切りレベルのゴルファーは、万年スランプじゃないですか。こういうときは、もっとポジティブに振る舞いましょう。「ドライバーだけ絶好調なんだ」とか「パターは調子いいんだよね」など、言い方があるはずです。「練習場だといい球が出るんだよ〜」。はいはい、出ました、お約束の「練習場シングル」ってやつですね。それは前向きだから、大丈夫かな。

⑤「昨日、飲みすぎちゃって」

すでに戦意喪失をしているときなど、「顔青いよ、大丈夫?」といわれて、待ってましたとばかりに、「実は昨日飲みすぎてさ〜」と弁解するのがお約束です。続いて飲みすぎた結果、おなかがグルグル鳴って、トイレに行きたくなる。しかも大きいほうが。がぜん内股になって、必死に便意をこらえて打つと、あら不思議、力の抜けたいい球が出るじゃないですか。「ナイスオン、しかもベタピンだし、すごいよ」「ありがと、悪いけど、トイレ行くから、そこ2パット計算でいいかな～」と捨てゼリフを残し、カートを勝手に運転してトイレに駆け込むのでした。

ラウンド中、便意を催すと「次にお茶屋があるぞ」なんて思い、案外キビキビ動くものです。逆にしばらく休憩所がないと分かると、自失、「理由をいってリタイアするか」あるいは「野○ソをするか」の選択を強いられます。昭和のゴルファーは、平気で野○ソをしますが、イマドキの若者はちょっと無理。しかも女性同伴だったら、悶《もん》死です。池のそばで打って、わざと池に落ち、そこで素知らぬふりして用を足しますか？　芸が細かい！

⑥「スライスっていったじゃん」

キャディさんに八つ当たりしてはいけません。そもそも、スライスやフックを語る前に、あなたの打ったボールは、カップに届いてないじゃないですか。キャディさんの言葉は、あくまでアドバイスですから。たとえ違うと思っても、「プレーの全責任はプレーヤー」にあるのですから、文句をいってはいけません。

これは「言い訳」というより「八つ当たり」に近いですね。というわけで、ゴルファーはすべての悲しみとミスを、自分で受け入れて、初めて100が切れるのです。

あとがき

プロのレッスンで感じた、素朴な疑問

『教えて！　100切り先生』を、ご愛読ありがとうございました。

本書のようなレッスンもどきの企画本は、2015年から数えて、通算3冊目になります。最初は漫画家の福本伸行さんにイラストと表紙を描いて頂いた、『89ビジョン　とにかく80台で回るゴルフ』（集英社）を出版。続いてスポルティーバ（集英社）の連載をまとめた『ヘボの流儀　叩いても楽しいゴルフの極意』（集英社インターナショナル、表紙福本伸行氏）を刊行しました。そして3冊目が、今回の『教えて！100切り先生』で、福本伸行さんの師匠にあたる、『風の大地』で御馴染みの巨匠、かざま鋭二先生にイラストおよび表紙を描いて頂いています。

さて本書の内容ですが、あくまでレッスン風の読み物として理解して頂きたいのです。というのも、こちらはさほど、人に教える技術を持ち合わせていません。先日もゴルフコンペで96でしたが、これでまともなレッスンを、語る資格はありませんよね。じゃなんで下手なのに、教えたがるかですが、それは現在のレッスン業界に疑問を抱いたからです。過去、幾多のレッスンプロに講義を受けました。その結果、あまりにも教科書的な教え方に、何度も憤慨しました。「言ってることは正しいけれど、それを実践できない。だから困っている」のだと。簡単な話、「バンカーショットは、フェースを開いて打て」が基本ですよね。けどその「フェースを開く」ができないのです。物理的にはフェースを開けますが、開いて打つとシャンクばっかりです。じゃ「シャンクを直してください」といっても、誰ひとり納得できる回答を出せませんでした。「シャンクはうまくなる過程で、起こるもの」って、なんら答えになっていませんよ。

そんなわけで、本書は皆さんが日ごろ疑問に思っていることを、読者目線で解決する企画として、書かせて頂きました。その中で使えそうと思ったことが、ひとつでもあれば幸いです。要するにやる気の問題であり、本書に啓発されて、再びゴルフに励もうと思ってくだされば、万々歳です。

今まで自己啓発の本って、正直小ばかにしていたところがありましたが、ある日、見方がガラっと変わりました。

映画『ファウンダー　ハンバーガー帝国のヒミツ』を観たからです。この映画は、マクドナルドの創設者レイ・クロックの自伝的映画で、彼がいかにマクドナルド帝国を築きあげたかを描いています。私が驚いたのは、その成功に至る過程の話です。1950年代に、レイ・クロックは自己啓発のレコードをかけて寝るのを、習慣にしていたことです。自己啓発は、簡単にいえば「自分はできるんだと暗示をかける」ことです。

ということで、「100切り先生」の本を読んで、「100は楽勝に切れる」と暗示をかけてほしいのです。さらに本書には、具体的なスコアアップのメソッドがたくさん書かれています。深く読み込み理解すれば、100といわず、90すら切りそうです、ほんまかいな。

加えて昔は、80台をばんばん出していたのに、最近は100を叩くベテランゴルファーの方にも、役立つ啓蒙の書となっています。是非、1冊といわず3冊ぐらい購入し、枕代わりにして寝れば、必ずやご利益があるでしょう。

最後に一連のシリーズの刊行は「週刊ゴルフダイジェスト」と「週刊パーゴルフ」「集

英社」「集英社インターナショナル」の皆様方の協力と尽力によって、達成されたものです。この紙面を借りて、謝辞を述べたいと思います。皆さん、本当にありがとうございました。

木村和久

木村和久　きむら・かずひさ

１９５９年生まれ。宮城県出身。１００を切ることにかけては日本一うんちくを語れるコラムニスト。ヘタで飛ばないゴルファーの味方。ゴルフ雑誌中心に連載多数。日本文藝家協会会員。著書に、『平成ノ歩キ方』『キャバクラの歩き方』『89ビジョン　とにかく80台で回るゴルフ』『ヘボの流儀　叩いても楽しいゴルフの極意』など多数。ベストスコアは75。

かざま鋭二　かざま・えいじ

１９４７年生まれ。東京都出身。川崎のぼるのアシスタントを経て１９６９年、「栄光への５０００キロ」でデビュー。ゴルフを描かせたら、日本一上手な漫画家。１９９３年には『風の大地』で第39回小学館漫画賞青年一般部門を受賞。以前はゴルフもシングルプレーヤーだったが、現在のクラブは「さや侍」状態に。いま一度初心に戻り、枯れたゴルフを楽しみたいと思うこのごろ。

本書は、週刊「パーゴルフ」連載（2017年4月18日号〜）の「教えて！　100切り先生　3ケタを叩かない熟練の裏ワザ」から抜粋し、加筆・修正したものです。

教《おし》えて！ 100切《ぎ》り先生《せんせい》

2019年3月10日　第1刷発行

著　者　木村和久《きむらかずひさ》
絵　かざま鋭二《えいじ》

発行者　手島裕明

発行所　株式会社 集英社インターナショナル
〒101-0064　東京都千代田区神田猿楽町1-5-18
電話 03-5211-2632

発売所　株式会社 集英社
〒101-8050　東京都千代田区一ツ橋2-5-10
電話　読者係 03-3230-6080
販売部 03-3230-6393（書店専用）

印刷所　大日本印刷株式会社
製本所　株式会社ブックアート

定価はカバーに表示してあります。

Printed in Japan　ISBN978-4-7976-7371-5 C0075